# 孩子的天才，需要蠢事許可權

4216個搗蛋鬼教會我們的事

楊鈺瑩 ■ 著
笛飛兒 EQ 教育團隊 ■ 協助寫作

父母不是一種「角色」，是一場上天給的功課，
你不必非得成為什麼樣子……

# 推薦序

——洪蘭（中央大學 認知神經科學研究所 教授）

坊間有關親子教養的書很多，但是符合大腦發展的卻不多，這本書以實例，將正確的教養方式一步一步演算給父母看，是非常有價值的一本書。

我曾參觀過瑞士小學二年級的教學，當時班上有個小朋友一直搗蛋，一下子站起來，一下子坐在地上，不斷的拿別人的鉛筆、摸別人的東西，老師問問題時，他不舉手就搶答。我們那時很驚訝，老師為何沒有當場阻止他，或寫條子把他送到校長室去呢？快下課時，老師說：現在請把今天班上，你最喜歡和最不喜歡的同學行為寫出來。寫完後，老師就逐一念小朋友寫的東西。果然所有的小朋友都不喜歡那個搗蛋者的行為，老師並沒有念出寫的和做的人的名字，但是那個小搗蛋馬上知道全班都不喜歡他，第二天他的行為就改善了很多。

老師對我們解釋說，小朋友可以從別人的行為中學習不該做的事（就是我們的「見賢思齊，見不賢而內自省」），也需要學習忍受不完美的情況，因為世界上總是有不守規矩的人，作出令人討厭的事，她讓小朋友知道，當被人討厭時，沒有人會跟你玩。她用團體的力量去制約壞行為的出現。同時，人只有一張嘴巴，她去管教了那個學生，就剝奪了全班的受教權，所以她沒有把屬於全班的上課時間用到一個孩子身上。

她的話使我想起我們台灣有很多老師要用一半以上的上課時間來維持班上的秩序，這的確對守規矩的孩子來說，是不公平的，因為時間過去了而他們沒有學到東西。

至於訓練孩子在不完美的情況下學習，我有一個很好的例子就是我跟我先生在閱讀時安靜的要求有很大的差別：我先生可以在很吵雜的地方看書，而我一定要在安靜的地方才看得下。因為他小時候，家裡是作生意的，每天人來人往，沒有片刻的安靜；而我家在台北的文教區，是難得有噪音的。環境使我們的彈性程度不同，人的大腦有可塑性，會適應環境，小的時候適應力比較強，不妨早一點讓孩子多接觸不同的情境。

歐洲國家的教育都是讓孩子從實做中學習，因為只有經驗會改變神經的連接。書中的例子也都是透過孩子實際的經驗去體會和學習，例如穿鞋子去玩沙，鞋襪中一定有沙，即使洗過腳，也無法再穿回鞋襪。因此孩子馬上學會先脫鞋襪，光著腳玩沙，玩完了，洗好腳就可再穿回鞋襪，走回學校了。

書中對於孩子不聽話、無理取鬧的各種情況都有很好的教導方法，父母只要有決心，沒有不可教的孩子。在價值觀念混亂的現在社會，我們很需要從小教會孩子正確的價值觀，《顏氏家訓》說「教婦初來，教兒嬰孩」，從小養成好的習慣終身受用不盡，這本書是個很好的教戰手冊。

最後，作老師最得意的是教出的學生能夠繼承自己理念並發揚光大，在演化上只有青出於藍，更勝於藍時，才是成功。我很高興本書的作者在教養這個領域（尤其是情緒ＥＱ的教育上）有這麼傑出的表現，我希望她能繼續為父母點亮教養的明燈。

# 來自笛飛兒家長的推薦與心聲

——家長 吳知融女士（學生 黃麒瑋）

我的兒子「瑋瑋」，上小學後，對於學校的課程都是興趣缺缺，注意力不足，常常放空沒聽課，學校的制式化教育，就是讓孩子提不起勁，連帶做事溫吞，對自己沒有期許，對學習沒有熱忱，抱持著凡事過關即可的態度，也常常在學校被同學捉弄而忍氣吞聲。

三年級下半學期他開始進入笛飛兒的課程，前半年的瑋瑋是個隱形人，凡事都希望老師看不到他，不敢表達自己的想法，不敢生氣，否認自己的情緒，不得罪人的好好先生，在同儕間也處於一個可有可無的角色。經過一年多的課程練習，現在的瑋瑋從一開始的拒絕上課，到現在期待每周一次的笛飛兒之旅，孩子的改變非常明顯，學校上課會積極參與活動，人際關係變好，遇到問題會想辦法解決，勇於承擔責任並表達自己的情緒，從一個凡事都說好到敢拒絕說「不」，儘管害羞的特質讓他不是站上舞台的那一個，但他現在可是團體中不可或缺的軍師，從一個憂鬱小生轉變成一個有自信對自我有期待的孩子！

每間學校裡總有粗魯的孩子，會有一些惡意的肢體碰撞，以前的瑋瑋總是選擇隱忍，只會不斷的壓抑自己的不舒服，記得在笛飛兒上課半年多後，又有一次學校同學勒住瑋瑋的脖子壓倒在地，並吆喝同學打他，孩子很不開心，笛飛兒老師知道以後和孩子做了一番討論，這次孩子竟然選擇要自己去面對，並在隔周上課時，對帶頭的同學表達他的不舒服，並請他停止這樣的行為，當瑋瑋不再隱忍（默許）同學的暴力之後，那位同學就沒有再對瑋瑋有暴力的行為。一開始瑋瑋的爸爸還不置可否，認為笛飛兒也許是能夠看出孩子的特質，分析孩子的狀況，但是孩子的個性就是這樣，要他去跟強權者捍衛自己，孩子不可能做到，但是很奇妙，經過半年多笛飛兒的課程練習，孩子就是做到了！

這樣的轉變很大部分是因為笛飛兒老師尊重每個孩子不同的特質，在課程中老師「不是」告訴孩子解決問題的方法、「不是」傳授知識和道理、「不是」提供標準答案，笛飛兒老師更多的是讓孩子去思考問題、感受自己的情緒、表達自己的想法、讓孩子面對並自己解決問題，老師把許多思考的時間留給孩子，並跟孩子用討論的方式，引導他們面對自己了解環境，並給予孩子許多種可能性，在笛飛兒答案永遠不會只有一個，也永遠沒有標準答案。

周圍有不少的人不能理解，認為EQ課程是那些有狀況的孩子才需要學習的，而瑋瑋已經能控管自己的情緒，在學校人際、課業都沒有什麼問題，相較其他同年齡孩子也更能知道自己責任，不需要再上課。但其實EQ課程，除了自身情緒管理，也練習拒絕、溝通協商、接納包容、和他人的互動、團體的合作、自我認識與成長。

我也曾問過瑋瑋是否不要再上課，但是瑋瑋告訴我他喜歡笛飛兒，課要繼續上，我問：「為什麼喜歡笛飛兒？」瑋瑋說：「因為笛飛兒的課設計成遊戲。」我又問：「很多地方的課程也是遊戲，為什麼就是喜歡笛飛兒？」瑋瑋回答：「因為笛飛兒的課需要『思考』。」

我想孩子的這個答案已說明一切！在現今台灣的教育，老師甚至是家庭教育，為了學習的秩序與管理，大多都是直接下達指令，孩子只要遵照規範，一切都有標準、有口令、都有人告訴你要做什麼、怎麼做，孩子鮮少有自己思考的需要。但是從我孩子的身上，我深深地感覺到把「思考」的權力還給孩子的重要性，即便是個十歲的孩子，把思考交還給孩子自己，他會學著做自己的主人，能對自己有更好的掌控性，更清楚自己的責任而不是把責任都丟給父母，會對自己負責，也會對自己有所期待。

在笛飛兒，本質是要讓孩子去學EQ，但其實受惠更多的也許是我自己，因為我也是在台灣文化氛圍下長大的孩子，對於情緒管理和教養也有許多自身的盲點，在課後有45分鐘的親師討論，透過老師課後的分享，可以讓爸媽更了解孩子的表現，情緒的發展，也針對不同的孩子特質給予家長教養建議，這方面也讓我受益良多。

很謝謝笛飛兒的存在與堅持，讓孩子在台灣這樣的刻板教育體制下，能夠有練習管理情緒、探索自我的地方，這是一塊值得台灣社會投資的翻轉教育！

——家長 楊俊賢先生（學生 楊致豪）

會接觸EQ教育，是因為孩子的學校老師告訴我們孩子上課會坐不住的走來走去，容易因小事和同學起衝突，一生氣就是一節課的時間；挫折忍受度非常低，時常以「我覺得遊戲很無聊、我不想玩、這遊戲很爛」來逃避班級活動。和孩子聊這些狀況，但他不是鑽牛角尖，就是有一堆藉口把責任推給別人，常掛在嘴上的就是「都是○○○害的啦！」

起初我們懷疑孩子是過動，所以送去就醫，但心理師的評估在正常值，認為可能孩子的先天氣質就是如此；職能治療師的評估為感覺統合不佳、衝動、情緒及人際障礙，復健之後，他的肢體不協調改善許多，但人際方面一直沒有進步，在班上可以說是沒有朋友，自己都說下課時都和空氣玩；與同學及老師的衝突不斷，甚至他自己提出想要轉學，逃開這個討厭的環境。因為學校的狀況越來越多，且看事情開始有許多負面的想法，會記仇，且故意找機會報復同學，故意和老師唱反調，我們覺得這些負向行為越來越嚴重，所以決定朝EQ教育方面尋求幫助。

上網找EQ教育相關的資料，搜尋到笛飛兒EQ教育，網頁上寫的「愛生氣、亂打人、不專心、愛計較、沒朋友、停不下來、逃避問題、害羞、失敗就放棄……」根本就是我們孩子的寫照，所以決定帶他來試試，希望情緒控管及人際關係改善，並且樂於學習、勇於挑戰，可以享受快樂的校園生活。

本來我們是抱著姑且一試的心態來笛飛兒，上課後覺得真的來對了地方。笛飛兒老師真的很厲害，第一次見到孩子，就可以在遊戲中觀察到他的問題點，進而提供一些教養技巧，幫助他、鼓勵他可以換個方式面對困境。老師建議我們讓孩子學習承擔，並鼓勵他、建立他的自信心，試著自己做決定並且對後果負責。即使不是主課程的老師，只要和孩子接觸過、看過他和其他學員的互動，也能一針見血的點出他的問題在哪哩，真的讓我們覺得佩服。

以往我孩子的挫折忍受度非常非常低，自己覺得做不到的事，無論我們怎麼鼓勵、好說歹說、甚至親自示範給他看，他都不願意嘗試，即使勉強做了，只要一出錯就不願再碰。來笛飛兒上課一段時間，孩子可以從發脾氣、反抗、不配合，轉變為願意試著面對挑戰，願意接受別人的要求與建議，只是遇到失敗就很快又放棄。但漸漸的，他開始願意在友伴的鼓勵下一同達成目標，也願意試著挑戰更高的目標，甚至會提醒或者幫助他的夥伴一同努力。我們也發現到，他生氣的時間縮短了，以往鬧脾氣就是一堂課的時間，現在可以縮短到五分鐘內很快的整理情緒重新出發。

記得剛來上課沒多久，有一次爸媽之間起了爭執，兩人爭得面紅耳赤時，孩子在一旁突然講了句：「其實你們兩個都沒有錯」、「話要好好講，不要發脾氣哦！」，真的讓我們覺得「哇！這小子不一樣了」。

再來就是孩子變得比較有耐心，現在開車出門，他不再每隔三、五分鐘就問：「吼～到了沒？還要多久？」，以前出去玩一看到要排隊他就自動舉白旗放棄，現在最高紀錄可以排了快兩個小時的遊樂設施而不吵鬧。以往到公園，孩子總是獨自玩著溜滑梯；最近去公園，其他小朋友邀他一起玩鬼抓人，他可以爽快的回答：「好啊！」，然後盡情的玩上半個小時，期間可以遵守遊戲規則、友善待人，和以前的狀況完全不一樣，很棒啊！

在學校的狀況，更可說是比之前改善非常多，他不會再龜龜毛毛，願意遵守遊戲規則和同學一起玩，面對輸贏也不再亂生氣、對同學大吼大叫，所以願意和他一起玩的朋友變多了，老師也說他明顯變得開心了。上課雖然還是有忍不住站起來走動的情況，但是老師一提醒他就可以馬上坐下來，不會像以前那樣對老師的指令充耳不聞。現在也不再動不動就說不要上學了。

我們做父母的，也從笛飛兒老師這裡學到不少教養技巧。以往權威式教育的媽媽與孩子的相處總是硬碰硬，但往往大人氣到破口大罵了，孩子還是不為所動；而且對孩子嚴厲的結果，似乎導致他太在乎大人的眼光，事情專挑簡單、不會出錯的做，也不知不覺的削減了他的自信心和責任感。

來笛飛兒上課，老師除了讓我們了解孩子的問題點在哪裡，也會提供教養建議，讓我們平時和他的互動方式做調整，幫助他可以用更好的方法解決問題。我們也比較能同理孩子的感受，試著站在他的立場了解他的困難，感覺他也比較願意對父母說出他內心真實的想法。

現今的少子化社會，愈來愈多的「直升機型」家長、「恐龍家長」，造就出成年了仍然活在自己舒適圈的「大小孩」，生活無法自理，不尊重人，遇到問題採取激烈的手段對付……。經歷了這段改變的過程，我們深深覺得，即使小孩沒有很優秀的學業表現，但是有好的問題解決能力、協商能力及自我管理能力，能夠掌控自己的情緒，尊重身邊的每一個人，遇到挫折不放棄，能設立更高的目標且努力達成，不論環境怎麼改變都可以適應得很好，那麼將來對於孩子絕對有很大的幫助，這是他自己的軟實力，是別人取代不了的。從小培養孩子的ＥＱ能力，絕對是個比學才藝更好的投資。

孩子的天才，需要蠢事許可權

## 第2章 破解天賦的「情緒密碼盒」——教養者必備的EQ知識

作者序
# 看見小臉蛋上的責任，爸媽們都累了嗎？

二〇〇〇年時，「笛飛兒」於東吳大學心理系社會心理與兒童發展研究室創立，由兒童心理發展教授以「發展心理學」（Developing Psychology）的Developing一字，取意命名為笛飛兒，並開始進行兒童EQ課程相關研發、研究與執行。

二〇〇六年九月時，我們毅然決然的投入孩子的EQ教育，但周遭的反對聲浪不絕於耳，看衰的評論甚多。有人質疑：怎麼會想要去教小朋友「EQ」——這種「成人的東西」？又怎麼會有家長願意捨棄具有清楚具體結果的成績、才藝，而來購買這種抽象的心理素質呢？

這些冷眼與異見甚至使一些最初笛飛兒團隊中的成員，也打了退堂鼓。

但是，這幾年下來的成績，真的是很令我們感到自豪的。

我們成功幫助了許許多多的孩子：

有的從班上的討厭鬼，變成了人氣王，甚至還當選模範生；

有的從情緒爆炸高手，成為「衝突調節大師」，還勇敢成功的花了好大一段時間，來化解別人加諸己身的霸凌行為；

有的從老是自顧自的小氣鬼、自私王，有的從老是委曲求全，自我犧牲卻總是不開心的小受氣包，成為能夠表達自己想法，協調他人意見的小領袖。

※以前的「旻諺」，為了讓其他人可以多看一下自己，潛意識裡，真的無所不用其極。什麼話都可以講，什麼事都可以做，但這些話與這些事，沒有任何一件與重要的事有關，沒有任何一件與目標有關，全都是些惹人發怒與崩潰的事件。

但那些真的是好久以前的事了。在笛飛兒教室的歷練後，他了解自己可以將潛力用以達成更好目標的道理。有天，他對媽媽說：「媽：我在五年級過得很好，已經不像三四年級那樣了，你不用擔心我啦！」以前那個衝動火爆的小子如今已蛻變成會思考、願意解決問題的小孩。

# 你的教養，打算往何處去？

我很常說，我們的工作，很像一種偵探，每一個孩子的「現在」為什麼是這樣，是個需要偵察的謎團，而透過這樣的謎團，一步一步的展開，找到所有前因後果的癥結點，然後慢慢一步一步的解開，就能讓孩子成為最棒的樣子。

事實上，我挺著迷於這樣的偵察過程，深入一個孩子的生命，深入一個家庭的深處，建立與感受彼此的信任，從老天的功課到家人的功課，一步一步的找出源由，還原與雕塑出這個孩子最棒的樣子。

社會普遍很簡單把教養的責任都放到母親身上，認為「孩子的問題都是因為母親的問題」，事實上，這絕對是一個過度簡化與過度單純的答案；想理解人的世界，最簡單的一件事，就是真相一定不只有一個，一個人，從基因的設定，到教養的介入，從孩子的自主性到一整個家庭的脈動，從老天給的功課（先天性格）到家人給的功課到社會給的功課，一層一層，我們被形形塑塑，絕對不是台二元電腦，「誰輸入指令A就一定跳出A」這麼的簡單。正是這樣的複雜性，人而為人，也因為這樣的複雜，所以教養很難，難到被稱之為「藝術」，那一種沒辦法

※剛到笛飛兒的「新語」，個子小小的，說話也是小小聲的，看起來非常有氣質，是位典型的「乖巧女孩」。「乖巧順從」為新語獲得了不少長輩的讚許，但卻也讓新語在同儕團體中像空氣般毫無存在感。像是，當大家熱烈討論如何完成任務時，新語總是默默不語地在一旁看著聽著，沒有任何想法意見；無論主導的同儕所提出來的想法有多麼地荒謬，新語依舊不假思索的遵守著。當新語遇到問題和困難時，新語也只能自己一人默默地面對，然後再讓自己在同一個方法中持續地挫敗、挫敗、再挫敗。

在經過一連串的EQ修練，現在的新語更懂得看重自己的想法，整個人也靈活了許多！

現在的新語，仍保有著她的溫和穩定，但擁有更多坦率、靈活，甚至有一些些的霸氣；不過也因為這點霸氣，新語除了把自己照顧好外，還能行俠仗義幫助那些跟她以前一樣不敢發聲的朋友們，為她們表達不舒服呢！

有「SOP」就能做出經典作品的東西。

我與笛飛兒團隊經手這樣的藝術幾十年了，很感謝老天以及這些年間各路家長的信任，以及各路「英雄好孩」的切磋指點，使我們的教養成績單愈來愈不平凡，好幾個孩子做出最棒的自己，卓越到上了新聞報章雜誌電視，其他也有許多從惹盡各路麻煩的頑童，變身成校園的風雲人物——他們還不只是學業成績上優異，更是人際與社團裡的傑出孩子。而經過這些年來，我們接觸的孩子與父母，也讓我們慢慢歸納出許多教養的重點，這些重點很重要，絕對不能忽視與遺忘，因此特以匯成此書。

但別誤會了。在這本書，你會非常驚訝的發現，我們幾乎沒打算告訴你任何教養技巧、教養方式、教養步驟或是親子相處法則，為什麼呢？因為教養這條路，你想怎麼走是一個重點，也是很多人在乎的重點，但我們想要提醒父母的是：你要走到哪兒？這更是一個天大的重點。

**最後的教養目的地**，就是我們在這本書裡企圖與你談的，我們應該嘗試栽培引導孩子的最後信念、特質或是習慣、個性。

為什麼這本書要這麼異於常見的教養書內容呢？因為這十幾年的經驗裡，我們看見了每個孩子獨特的樣貌，都是這樣的獨一無二，如果要透過一些單一簡單的策略與方式，來教大家怎麼面對自己家裡的那隻「獨一無二」，對於一般人是難以應用也難如登天的；二來，當一件事的方向對了，再怎麼難走，期間坎坎坷坷，我們終究會把孩子放到對的地方；但是方向錯了，你學愈多「容易教養」的方法，就等於搭上一台特快車，更快的把孩子送到錯誤的位置，而如同大家所知道的，這世界上沒有辦法重複一模一樣的成功，但我們可以複製一模一樣的「成功者信念」，因此在這本書裡，我們將很認真的與你談談很多教養的誤區，也很深刻的相信：當這些誤區你都深切明白之後，你的教養，最終可以更讓孩子有競爭力的在這個世界上好好生存，同時更能夠展現他的天賦特色，他的人生更能夠掌握這個世界的清婉美好。

最後，我想以我同時身兼研究教養與經營企業的兩種身份表達：教養孩子有兩大最簡單的方法是：一是完全給天養，成敗與你無關，另一個是完全照情緒養，孩子就自己乖乖認命。而同時也有最難的方法：針對孩子每個不同發展時間的需求，給予孩子適切的東西，針對孩子的天賦稟性，給予孩子最恰當的磨練。

事實上，如果你想選擇後者（若不是，你也不會購買此書了），我想提醒你，這個從完全緊密到完全放手的過程，必須在十五年內做到，而不同孩子又有不同處理法，這樣的難度，我並不認為比起經營公司簡單；如果經營一家公司，你可能會願意傾聽專家的建議，所以也請容許我這個兒童教育現場的專家先大膽提示，請忘掉什麼「父母神聖的角色」這個頭銜了吧！因為當父母，沒有劇本、沒有舞台，絕對不是角色這兩個字這麼簡單；從頭到尾，當父母，就是一場修練。一場自己與無法切割的愛的修練，一段自我與他人平衡的修練。

在以下的內容篇章開展前，我也預先祝福你：在這場修練裡，更加的圓滿、真誠、充滿愛與豐盈。

# 第1章

# 搗蛋鬼其實很「認真」

## 「宥辰」的故事──認出我們常沒看見的孩子天性

孩子的天才，需要蠢事許可權

## 教出媽寶怎麼辦？

如果我們不能拿棍子跟情緒管小孩？孩子會不會太懦弱呢？

曾經，我們看到這樣一個孩子，小學三年級，他口渴了，走出教室門口找媽媽喝水；手不小心在撕紙的時候，不小心被紙割傷了，走出去外面找媽媽擦藥；擦了藥之後，他還是覺得挺疼的，再走出去外面。恩！這次被老師攔下來了，老師堅持他必須來找我們，不能再找媽媽，於是孩子從老師手上領了個ＯＫ繃，貼了藥再走回去，三十秒之後，孩子又走出來了，當然又是打算走向媽媽，被老師攔住後，他說他剛剛的ＯＫ繃沒有貼好，於是他需要再跟老師要塊透氣膠布，把剛剛沒有貼好的部分，用膠布固定住。於是，老師親眼看著孩子，把透氣膠布，整塊而完整的，全部貼在ＯＫ繃上，沒有任何與皮膚交接的地方。然後，孩子再走進了教室……。

是的，發生了什麼事，在現在這個父母手中的教養資源愈來愈豐富的時刻，我們傾力希望把所有的資源與潛能，都為孩子開發。但是莫名的，孩子愈來愈會說英語，愈來愈會做科學，愈來愈精通天文地理，卻不知道該怎麼過生活？

你也對這個問題充滿好奇嗎？讓我們先一起耐心看一看「宥辰」的故事（化名，這是改編自笛飛兒教室數個孩子的真實行為綜合案例）。

宥辰，平常是一個講起話，做起事來，動作都要大到確定別人會看見他的孩子。你對他的印象就是「囉囉囉囉囉囉囉」，彷彿是一台鼓風機搭配上彩色亮片，在光線的照射下，閃耀個不停。

如果今天有人稍微一點點的惹到他，儘管只是輕輕的按到他的小拇指，他也會立刻的跳起半身高，然後一迴旋的轉身，刻意帥氣又偽裝成巒不在乎的指著你的鼻子，大叫：「耶～耶～，搞什麼鬼啊！你這個小屁孩」。所有的言行舉止，就是要人知道：自己，宥辰，是一個如此獨特，厲害，不是你這個什麼，可以隨便招惹的人。但是，恰恰有趣的是，如果今天是一個霸氣十足的孩子出現在他的眼角，不管這個小鴨霸說些什麼，做些什麼，儘管已經一腳「故意的」踩在宥辰的腳板上，宥辰卻什麼都看不見，感覺不到，沒有生氣、沒有情緒，空氣還是一樣如此清新，花好月圓，沒什麼壞事發生。不過，如果你剛好不是小鴨霸，那可就糟了，絕絕對對糟了，因為你只要一口氣吹到他的頭髮，跳起半身高，一轉身，剛好有怒氣的他，可以像九品芝麻官裡的包龍星一樣，對著你連珠砲的轟出一整串、一整段、一整個好幾十分鐘的責備與辱罵，彷彿你欠了他三輩子的債，到現在還不清。這就是宥辰。

今天的課程是要去大安森林公園找陌生人玩遊戲。宥辰一聽到，立刻「什麼？」、「真的假的，今天是要去教室外面玩？」，他簡直樂呆了，講話的聲音，完全高上八度，尖銳而興奮的語調，不斷的從他嘴巴裡，興奮的冒出來、冒出來，直到要步出門口，打開鞋櫃的那一剎那。

「我們不帶家長去嗎？」

我說：「為什麼要帶家長去？」

「應該要帶家長去吧！」眼睛穿透我，看向坐在沙發的媽媽心底。注意，不是眼底，是心底。而媽媽也立刻獲得心電感應，即刻從沙發上彈跳起來，慌忙的想要前往鞋櫃穿鞋，伺候皇上擺駕，喔！不，是被少爺帶出門，唉，不是，是帶兒子出門。一切的鍊結，是如此快速的理所當然，快到讓人要是不小心多吸了一口氣，就來不及反應。當然，在吸氣之前，媽媽就被我制止了，乖乖的退回沙發上，慌亂的眼睛寫著：「這樣好嗎？我可以這樣（違背聖意）嗎？」

而宥辰也一臉覺得，「我就是應該把我媽帶上。怎麼會只有我出去，媽媽坐在沙發呢？這樣不對吧！太不對了！！」

由於我的堅持，宥辰猶豫的走入電梯，在電梯中宥辰是如此的戒慎恐懼，從來沒有發生過這樣的事情，他該怎麼辦？會不會因為沒有媽媽所以發生了什麼意外？時間夾雜著焦慮，電梯門突然打開，外面涼爽的風撲面而來，一瞬間，宥辰像是接觸到前所未有的自由空氣，他突然間意識到：「天啊，我自由了」，再也沒有一個煩人的媽媽在旁邊唸我，然後開始非常非常高興，整個與好友講話的聲音都是用高分貝，像是直昇機賣力的擺動螺懸槳準備升空起飛，遠離哪個讓人帶著束縛的區域。宥辰開始非常非常高興講話，一直以「啊！」「哇！」那種尖叫聲當發語詞，非常高興，一直拉著好友睿原，一直瘋狂聊天，一直瘋狂聊天。完全忘記旁邊還有老師，還有路人，還有街道，還有其他的伙伴。

一路從教室往大安森林公園的路上，小朋友走阿走，走阿走，和風煦煦，日照冉冉，突然，宥辰跟我說：「老師我好渴」、「老師你幫我們去便利商店買水喝好不好？」一講完，眼睛直接定住便利商店的花花櫥窗，一臉都是滿滿的期待與嚮往，一臉就寫著待會進去我可不想隨便買杯水，而是可以買我喜歡喝的飲料就恰恰好這麼完美。

沒料到，老師淡定的說著：「剛剛出門之前就已經問過要不要喝水？要不要帶水？你們自己沒有人要喝水，也沒有人想要要帶水，現在跟我說口渴我也沒辦法囉！」聽完這段冷靜的鐵板話語，宥辰臉色轉變頹喪，滿臉改成「哎，好吧，我就認了我剛不帶水」並急著辯解：「我剛剛其實有喝一口」。但很顯然的，走到這裡，五百公尺的路上，他已經發現了，一口水解不了未來的渴。

踢了鐵板之後，大家走進了大安森林公園，開始快樂的，瘋狂玩耍，跑阿跑，爬阿爬，你看大安森林公園這麼琳瑯滿目的遊樂器材，這麼多孩子在跑阿跳阿，光是看，細胞都興奮的想要大吼大叫了，孩子當然是幾乎一刻不得停，彷彿要用盡一生的愛只為了在這裡玩個過癮，才能徹底滿足。

當然這種「用盡一生的愛，與一身的力氣」的身體使用法，很快的孩子們又渴了。於是睿原停了下來，說：「我好渴，我要去喝水」，開始移開遊戲區，往某個方向前進，宥辰看著好友睿原的舉動，當真是摸不著頭緒，剛剛明明大家都沒水，老師也這麼狠心不肯買水，你傻傻的說著你要喝水就走了，是要去哪裡喝阿？帶著滿臉的疑惑，宥辰就這樣跟在睿原旁邊，與小千三個人，一起慢慢的移開遊戲區，往某個目的前進。

一路上，宥辰跟著睿原，但他也沒打算安靜著：「喝水？」「你瘋啦！這裡哪有水可以喝阿？」「老師又不買水，哪有水可以喝阿？」「你身上有錢嗎？沒錢哪來的水阿？」「你要喝水溝的水喔？」「喝汗喔？」「喝口水喔？」總言而之，就是一連串的「喝水」聯想大爆發，混雜著什麼「你是不是腦袋開花？」搭配著中文 Rap，卡通音調之類的，一直在那邊講，講一些胡說八道的話。

睿原顯然很認識這個朋友了，或是睿原是真真正正的渴了，因此完全沒有理會宥辰，繼續走，一直很堅定的走，在胡言亂語的喝水 Rap 搭配下，持續的走，真的走到了大安森林公園的飲水台旁邊，毫不遲疑的站上飲水台，按了按鈕，低頭喝著潺流的，但清澈清甜的水。

看著好友就這樣的來到一個石子台前面，壓著上面的按鈕，低下頭，喝著這個不知道哪來的石子台，裡面所冒出來的，不知道哪兒來的水。宥辰的臉，顯的非常非常的糾結。糾結，疑惑，甚至痛苦，整張臉就是「我好想喝喔！」「我真的快渴死了！」，但是，宥辰的腿站在原地，滿臉的糾結中，吐出來的字是：「這個地方，這個地方是可以喝水的嗎？」、「你竟然就這樣子喝水了？你太扯了吧！」、「這個水會不會有毒？」，看著那個石子座的開飲機，它是這麼不顯眼的站在路邊，旁邊是石子座的，喝水處下方的水盆裡，還不知道為什麼的，有著許多零零星星的沙子，這個，沙子，這個，喝水，這個，路邊，喝水，沙子，路邊，沙子不能吃吧！水有沒有混到沙子？這水不知道從哪裡冒出來，水盆下還都是沙子，這個，這麼的髒，我的好朋友，你，你竟然就這樣，在喝這裡的水。

所有的一切，是這麼不可思議的讓宥辰不知所措。睿原一口一口的喝著，手壓的酸了，停了下來，休息一下，再繼續喝。而宥辰，則滿臉複雜的、惶恐的，看著眼前這一切，他知道自己很渴，也看見朋友確實找到水喝了，但是，宥辰沒有辦法理解，也沒有辦法接受，自己這樣一半紆尊降貴，一半狼狽的窩在這裡，低著頭喝著這個不知名的，沒有任何品質保證、一點都不光鮮亮麗、沒有安全確認包裝的水。

睿原喝得滿足了，補足了剛剛大步奔跑與玩耍的汗水，招招手，熱情的對宥辰說：「快來喝，你不是也快渴死了！」，但是，宥辰仍舊震驚在自己的恐慌裡，一動也不動，滿臉的複雜隨著朋友的熱情，變成尷尬的傻笑，搖搖手用著乾燥到有點發疼的舌頭與嘴唇，說著：「沒關係，我沒有很渴，你們喝。」於是，一旁的小千也快步的走去喝水，而宥辰，仍舊震驚著、徬徨著、掙扎著、煎熬著、痛苦的撐在原地，帶著自己乾渴的嘴巴與身體，出神的看著眼前的一切，兩個朋友輪流的喝著水，露出滿足的神情，邀請宥辰，而宥辰，羨慕又害怕的，無助又惶恐的，持續逞強的說著：「沒關係，其實我沒有很渴。」一直到兩個朋友水足身體飽，快步的再奔回遊樂區，宥辰跟著，用著乾渴而沈重的步伐，希望口渴這件事，是能夠在時間中淡忘的，一步一步的，努力的逼著疲憊的身體，跟上自己的意志，與朋友一起回到遊戲區。

補足水分的睿原與小千，自然是又火力全開的玩著，當然，宥辰已經是宛若老人般的，困乏而沈重，身體的疲憊，隨著口渴與汗水，完全煎熬著宥辰，但是，宥辰還是持續的讓自己儘可能的快樂著，在宥辰的世界裡，玩樂是可以逃避掉痛苦的。轉眼間，睿原與小千已經玩進了沙坑區。

睿原與小千穿著涼鞋，快步走進沙坑區。宥辰想也沒有想，也穿著他的布鞋一起走進沙坑區。很顯然的，聰明如你，很快就知道將發生什麼事了：所有人的鞋子都理所當然的進沙了，但是涼鞋進沙與布鞋進沙，可是很顯然的不同，涼鞋沙子來沙子去，敲一敲踏一踏沙子又顯然的變少了，但是布鞋呢？沙子來了卻去不了，玩了好一會，滿鞋子的沙子可真正難受，一段時間後，睿原穿著他的涼鞋，走出沙坑區，打開水龍頭，把涼鞋與腳一起放入沁涼暢快的水下，很快的，沙子沖走了，腳又乾淨了。宥辰呢？當然也是跟在睿原旁邊，把另一個水龍頭打開，把布鞋與腳一起放入沁涼暢快的水下，很快的，水淋濕滿滿的布鞋與襪子，沙子仍舊完全卡在裡面，這一整個完全就是不對了，怎麼愈沖水愈不舒服，這是什麼鬼事？

宥辰顯然不知道這到底是什麼鬼事，繼續調大水龍頭，拚命將自己的布鞋與襪子送進水裡沖，讓鞋子襪子與腳子（腳已經變「餃子」了）一起吸滿水，讓腳包在一團和滿沙子的濕布團裡，直到我開口：「宥辰，你穿的是布鞋，要沖腳應該要先脫掉鞋子吧！」

宥辰抬頭看了一看我，快速的脫掉濕掉的鞋子，再準備把襪子與腳繼續放在水下沖。顯然的，問題並沒有解決，於是這次宥辰把襪子脱掉了，再把腳放到水下沖，手裡拎著濕襪子濕鞋子，這次果然沖乾淨了，於是，再脱掉另一隻腳的鞋子襪子，再拎著，再把右腳放進水裡沖，終於兩隻腳都乾淨了。宥辰滿意的要離開洗腳區，沒想到，一踩出來，怎麼搞的，踩出來地上都是沙子。怎麼會踩出來地上都是沙子呢？宥辰又覺得自己的腳又沾到沙子了，於是又再踏回去洗腳。洗完腳之後又再踩出來，耶，又髒了，他又再去洗腳。

然後呢？就這樣，宥辰洗完腳再走出來又踩到沙子又再進去洗腳，又洗完腳後走出來又再踩到沙子又進去洗腳，他就一直反覆的在那邊洗不停又踩不停。手上拿著淋滿水的濕鞋子與濕襪子，以及沒有濕的鞋子與襪子，混來混去，走來走去，水開來開去，潑來潑去，全部都濕了。但是，宥辰已經知道自己現在來到一個「寸步難行」的窘境。

睿原早就洗好了，也眼睜睜的看著宥辰來到這個困窘的狀態。對於宥辰的行為，睿原很明顯的納悶，但是他沒有質問宥辰，也沒有嘲笑他，反而又走向水龍頭，打開水，兩隻腳踏進水槽，一派輕鬆愉快的沖水，也等著宥辰不斷的嘗試「如何一隻腳又一隻腳的輪流洗，卻可以兩隻腳都乾淨的走出去」。然後也是穿著涼鞋，早就洗好腳的小千，站在旁邊，疑惑了：「這是怎麼回事？不是洗好腳要走了嗎？怎麼突然變成一直洗腳？」小千疑惑著，卻又不曉得該怎麼開口問，於是隔一會兒小千轉身，自己往後走了十幾步看看別人在玩，爬爬一下樓梯，這些時候，睿原與宥辰還是繼續不斷的洗腳，左腳右腳，右腳左腳，兩隻腳一起洗，於是小千又無奈的走回洗腳區旁邊等待。

直到我開口：「你們兩個必須離開這個位子了！」宥辰才真的很擔心的準備離開。我也幾乎可以跟你打賭，如果今天不是我開口，或是下一個天大的石頭打下來讓宥辰必須面對這個問題，否則他可以繼續在水龍頭下反覆沖腳，沖到月黑夜風高也是絕對沒有什麼問題的。

好啦！必須離開洗腳區，那到底該怎麼辦呢？一踩出去就是沙子，手上的襪子與鞋子都像 baby 的尿布一樣濕到滿了，宥辰無助了，看著地板、看著襪子、看著鞋子，他完全不知道他到底是要穿襪子還是要穿鞋子，因為他已經很確定的知道，他一旦走出去他又將踩到沙子。於是我看著宥辰，輕輕的說：「宥辰啊！以你現在這種局勢，你只剩下赤腳了。」

聽到「赤腳」這兩個不可思議的字，宥辰的臉驚恐與荒謬的都尖了。高聲的喊著：「什麼赤腳？」「我怎麼可能赤腳？」我說為什麼不可能赤腳？你已經把你自己搞成這樣，你襪子也髒了，鞋子也濕了，外面也都是沙子，你只要踩到沙子你就整隻腳都沾到沙子。你把沾到沙子的腳穿襪子，或者是濕濕的腳穿濕襪子，然後再穿濕鞋子，這全部都不對吧！但是宥辰也很有自己的堅持，他沒有辦法赤腳，所以他還是沖水後把濕濕的腳塞進濕濕鞋子裡。然後準備離開，不過他濕濕的腳塞進濕濕的鞋子裡，就像史瑞克的黏液沾在身上一樣不好受，走了一步左右，他已經很清楚知道這是非常難受的，於是他把自己的腳拔起來，然後說著老師你幫我顧鞋子好嗎？並開始在那邊用不可思議的語氣喊著：「老師竟然叫我赤腳！老師竟然叫我赤腳！」

之後，宥辰大概赤腳玩了十幾二十分鐘之後，睿原竟然也把自己的涼鞋脫下來陪他赤腳。睿原開始赤腳後，宥辰才開始覺得自己好像不再是異類，開始敢做自己、自在的走路。行走在滿滿的人群之間……。

前面故事有些長，但故事裡某些宥辰的行為片段你可能會覺得很熟悉。其實，這樣的孩子不是滿街都是嗎？雖然某些地方顯然是誇張了點，但整體來說，這種帶點缺乏承擔力又有點依賴、有點潔癖、有點失現實感的孩子，其實真的還蠻常看見的，你同意嗎？

很遺憾的，我們必須看著你的眼睛，很直接了當的告訴你：這種你所熟悉的片段，請小心，這就是媽寶的前奏曲。

震驚嗎？更震驚的是，本章一開頭的那位不斷找媽媽的小男孩，當老師問他：「你是媽寶嗎？」他快速且立即的跳了起來，大叫：「媽寶，我怎麼會是媽寶，媽寶是一個什麼事都找媽媽的人，我怎麼會是媽寶？」

是的，就像孩子不斷的找著媽媽，但他沒有意識到自己跟媽寶會有什麼關連，我們大人也是，在我們傾全力栽培孩子的當下，一個不小心，我們好像也可能忽略了、或是做了什麼應該是關鍵的事，因此，最後產生的結果，竟然與我們預期的完全不同。在這一章，我們將透過前面的故事拆解，與一些簡單的綱要式ＱＡ，幫助你覺察到，教養孩子，你應該優先注意什麼？

## ——孩子對什麼事的反應都很誇張。這是不是有什麼問題？

宥辰，平常是一個講起話，做起事來，動作都要大到確定別人會看見他的孩子。

你對他的印象就是「囉囉囉囉囉囉囉」，彷彿是一台鼓風機搭配上彩色亮片，在光線的照射下，閃耀個不停。

宥辰的情緒反應強度高，這是先天氣質；也是宥辰與生俱來的特色。具備此特色的孩子，通常都讓人覺得很顯眼，開心的時候，像顆鑽石被打燈一樣的閃閃耀目，整間屋子都因為孩子的快樂而滿室光輝。但是生起氣來，或是難過的時候，又好像是瓊瑤連續劇在真實生活上演了一般，讓人覺得每個情緒都像尖針插進心臟一樣，承受不起。

這樣與眾不同的孩子有什麼問題嗎？當然沒什麼問題。表面上這樣的孩子，如果再搭配上敢為自己爭取、主張、表達，能夠捍衛自己的權益，以及高企圖心，不輕易接受自己被剝奪權利等能力時，我們可以告訴你，你將會很常接到學校老師的聯絡簿關心，甚至是電話的定期問候。事實上，如果你的孩子剛好只擁有上述的「優點」時，我想你確實是很困擾的。

但請注意，我使用的詞彙是「優點」，既然是優點，顯然你完全不需要修改，所以請你千萬不要因為收到了這些紅字，就開始要求孩子可不可以「閉嘴不要表達意見」？可不可以「不要那麼想要贏」？可不可以不要「反應那麼大」？

上述的建議你可能會很驚訝，或許你的下一句話是：「難道老師跟我反映了，我都不要修改嗎？這我豈不是成了怪獸家長。」你的驚訝與反應都很好，但是我們想要提醒你，修改是需要的，但請千萬記得，面對老天給的功課（個性上的相對缺點），我們永遠都不應該把優點改掉，如果孩子因為某些特色太顯眼而造成困擾，我們就把特色修改掉，豈不是要孩子當一個沒有特色的人。是的，要改，但不是改掉優點，那到底是改什麼呢？

以上面的例子而言，一般來說，我們會建議你增加孩子的以下幾個能力：

- 適當等待的能力
- 溫和溝通與表達的能力
- 尊重別人的能力

- 正確理解與面對挫折的能力
- 更適當的自我認識與瞭解

是的，完全不需要去除掉任何「愛爭取」、「善表達」、「高企圖心」以及「反應大」。當孩子再增加了以上幾種能力之後，相信我，你一樣會接到許多老師的評語，但是每一句話都是讓你喜出望外的驚喜！

所以你瞭解了嗎？當孩子因為某個原因而導致什麼困擾時，你不應該先盲目的去除掉表面特徵，先分清楚這些特徵的本質，然後保留優點，並且再提升其餘不足的部分，你的孩子會成為一個更好的人！

## ——孩子很需要被看見：總把自己放的很大，只是一點點不舒服就嚷嚷半天？

如果今天有人稍微一點點的「惹到他」，儘管只是輕輕的按到他的小拇指，他也會立刻的跳起半身高，然後一迴旋的轉身，刻意帥氣又偽裝成蠻不在乎的指著你的鼻子，大叫：「耶～耶～，搞什麼鬼阿！你這個小屁孩」。這所有的言行舉止，就是要人知道：自己，宥辰，是一個如此獨特，厲害，不是你這個什麼東西，可以隨便招惹的人。

宥辰期待自己能夠被別人看見，希望自己能成為團體中有份量的人，所以當他被別人稍微碰到的時候，就用帶著挑釁意味的言語來引起他人的關注。因為人際互動技巧的不足，這種譁眾取寵的表達方式，讓宥辰以為是個絕好的人際互動方法。當然，這只是他以為的！

像「你這小屁孩！」這種無傷大雅又嚷嚷半天的方式，當然會讓自己聚焦在目光下，偶爾還可以贏得許多歡笑聲，而宥辰感受到大家給他的「熱烈」回饋時，以為自己是被別人喜歡、被支持的，再加上這句話沒有太過強烈的人身攻擊意味（意指針對人格），就算事後檢討時也能夠用開玩笑的理由打發，因此藉著這樣的方式，調動許多人的情緒，營造出「大家會隨著我而欣喜萬分」的感覺。

孩子為什麼要這麼花費心力製造出這種感覺呢？除了他以為可以建立關係之外，其實這句話還有墊高自尊的功用呢！有這麼多的好處，現在你知道為什麼你怎麼千叮嚀萬囑咐請孩子不要講這些話，他們還是拚命講了吧！

自尊的建立是立基於自我認識與自我接納，由於宥辰的真實能力與他對自己的理想期待間有不小落差，因此當發現到自己的能力不足以呈現出心中的理想狀態時，最便捷有效的遮掩方式就是「將別人踩在腳下」，當然這裡指的並不是真的用腳踩，而是一種心理地位上的優越感，「只要有人比我差，那我就還是不錯」的想法來說服自己，能讓宥辰不用辛苦的努力要求自己，加強自己的能力以拉近現實與理想的差距，『你這小屁孩』這句話就是宥辰讓自己處在上位者姿態的策略，雖然會得罪人，但是相較之下我覺得開心，而且很像很多其他人也覺得很開心，這筆買賣實在十分划算，不是嗎？

面對這類型的孩子，教訓他的時候他有很多歪理，放任他繼續好像也說不過去，讓爸爸媽媽實在很是頭疼，若孩子有這樣的行為出現時，建議爸爸媽媽可以這樣做。

一、平日多發掘：帶孩子找到自己的天賦與限制，學會接納自己也有不擅長的地方，瞭解並非事事都需要一較高下。

舉例像是：「我發現你跑步好像很厲害耶（你有發現嗎？），然後你比較不喜歡畫畫對不對？媽媽也是比較喜歡游泳，不喜歡唱歌。每個人都有自己厲害的地方與不厲害的地方呢！

二、問題發生時先確認：關心孩子當下的狀態，以及這樣做的原因是什麼，須特別注意要用關心的方式而非質問的口氣，以免得不到真實的回應。

舉例可說：「疑，小…屁…孩…什麼意思啊？」

千萬不要這樣做：「你為什麼又罵人，又講一些奇怪的話……。」（接著大飆罵）

三、思考其他的達成目標管道：條條大路通羅馬，想要完成一件事，且達到同樣的效果，並不會只有單一的方式，帶著孩子找出其他可能性，對錯先不用太過於計較。

舉例可說：「我覺得你這樣講是蠻好笑的啦，可是如果要更好笑的話，是可以不用嘲笑別人的，很多脫口秀專家都是這樣來的喔！你要不要想一想怎樣可以講話好笑可是又不用攻擊別人呢？」

四、肯定孩子願意改變：當孩子使用了更正向的策略與方式時，請大力的肯定與鼓勵他的努力。

舉例可說：「哇！你這樣說讓我更清楚知道你怎麼了呢！也讓我更願意幫忙你喔！」

當孩子能夠接納自己的不足並勇敢面對時，他的自尊才會穩固，也才能讓自己的能力可以有效提升，同時透過使用經思慮且不同以往的人際互動模式，在得到正向回饋之後，進而會提升自我效能感，形成正向的迴圈，如此一來爸爸媽媽也就不再需要為此感到煩惱了。

## ──孩子平時像個霸王！但真的遇到爸爸（或是其他比較兇的人）又一聲不吭，什麼都照辦？這是欺善怕惡嗎？這樣好嗎？

但，恰恰有趣的是，如果今天是一個霸氣十足的孩子出現在他的眼角，不管這個小鴨霸說些什麼，做些什麼，儘管已經一腳「不小心」的踩在宥辰的腳板上，宥辰卻什麼都看不見，感覺不到，沒有生氣、沒有情緒，空氣還是一樣如此清新，花好月圓，沒什麼壞事發生。

宥辰真的是一個很有趣也很讓人心疼的孩子，在與人相處時，為了防止別人來傷害自己，為了守護自己身週圍的和平，他總是要戴上一副特別的面具，發出特別的聲音，大聲說出特別的話，這些都是要讓大家都知道「我宥辰，可不是個普通人物」；但是和這樣有著強烈個人風格的展現比起來，在某種情況下，宥辰卻又會讓人感覺是完全不同的人，那就是當有個氣勢比他強的人出現時，原本強勢的宥辰，瞬間就變了一隻不敢出聲的小白兔。

這樣對比的展現，顯示宥辰又想要「樹大」，卻又擔心「招風」，因此沒事的時候，耍個帥耍個帥，假假虎威心情好，老虎出現之後，趕快把自己藏在草叢裡，老虎來了，難道我不要命？這就是宥辰的心情寫照。再講的簡白一點，宥辰又要面子，又怕困難麻煩，這樣，你擔心他嗎？

聰明如你，可能早就發現這個詭異的邏輯迴路，是永遠都點不亮燈的。想要得到好處，卻又捨不得獲得壞處，這個世界上哪裡有這麼好的事？這個道理我們都懂，但孩子懂嗎？他不懂，當然不懂，他只懂他平常用什麼方式過生活，並假設未來也可能會是這樣。這句話是什麼意思呢？意思就是，很殘忍的，當我們看見孩子無法承擔、拚命趨利避害時，恐怕是他在平常的生活裡，有人這麼的讓他得逞了！

有些爸爸媽媽可能會提出疑問，趨利避害，這樣不是很識時務嗎？面對對自己有威脅的人，懂得避開，懂得明哲保身，這樣不好嗎？

明哲保身，或許是一種處理衝突的方式，但這種方式，說白了就是不敢、害怕面對問題，只要面對到可能會傷害自己的人，就趕快想盡辦法避開，這樣避開，可以讓宥辰躲開自己覺得麻煩或害怕的人，但同時也讓宥辰失去了學習如何面對比他兇、比他大聲的人；逃開了解決問題，也逃開了膽識，再多逃一點點，就等於也逃開了這個人生不如意事，十之八九的世界。

但是，面對這樣趨利避害的狀況，請爸爸媽媽不需要責備孩子。我們建議爸爸媽媽可以這樣做。

一、把孩子惹出來的問題還給他：

想要引導孩子學習面對與承擔，爸爸媽媽一定不能做的事，就是當孩子的「萬能工具箱」。要是孩子遇到困難，便習慣向爸爸媽媽尋求幫助，然後問題就能迎刃而解，這樣的狀態，等同於剝奪孩子學習用自己的能力解決問題的機會。那麼不管你將孩子的身體養的多健康強壯，孩子的心理依舊是那顆易碎的小翠豆，值得嗎？所以，不管孩子的尋求幫助有多麼楚楚動人，裝個傻，把問題丟回去給他，你省麻煩，孩子又可以變聰明，何樂而不為？

二、擴充孩子的眼界，帶孩子看得更遠一點。

試著帶孩子體驗各種不同的生活，認識並關心各個不同狀態與階層的人，或是可以從電影、卡通、文學故事裡，瞭解不同人的生命，意味著什麼？經歷著什麼？這樣的過程，將會幫助孩子的視野不被自己的生命所侷限，可以理解短時間的好處，不見得是未來的美好；眼前的利益，不見得要急著獲取，而真實的滿足與快樂，可能需要一些痛苦與磨難來交換。這樣一來，孩子慢慢的會懂得不再著眼於眼前的趨利避害，開始可以慢慢的，為自己磨練出意志與風骨。然後，你也才能夠，真正的放下心裡的重擔。

## ——孩子好像得理不饒人！你先跟他道歉了，他反而還繼續追著打，完全不聽你後來說什麼，甚至也完全不管他自己做錯什麼？這怎麼辦？

剛好有怒氣的他，可以像電影《九品芝麻官》裡的角色「包龍星」一樣，對著你連珠砲的轟出一整串、一整段、一整個好幾十分鐘的責備與辱罵，彷彿你欠了他三輩子的債，到現在還不清。這就是宥辰。

心理學有個理論是：「基本歸因謬誤」（Fundamental Attribution Error）。此論點說明：「人們在評估他人的失敗時，即使有充分的證據支持，但仍總是傾向於低估外部因素，而高估內部或個人因素的影響。但若是評估他人的成功時，則會低估內部或個人因素，高估外在的影響。這樣的現象，卻又在評估自己的成功與失敗時，呈現出完全相反的結果。」

白話點說就是：這是人性的基本思維陷阱，如果我們看到一個人成功，我們很容易覺得他好狗運，一定是祖上積德，有很多好狗偷偷在幫忙他，他才可以獲得這樣的成就。但我們在看待自己的成功時，又傾向認為這所有的一切都是我自己努力造成的，別人的幫忙只是剛好恰巧而已。

相反的，我們在看待別人的失敗時，容易覺得這一切都是他自己咎由自取，他八成懶惰愛貪吃，每天睡過午，最後才會得到這樣的壞結果。但我們看待自己的失敗時，卻又會覺得這一切真是「天要下雨，娘要嫁人」，半點不由人。如果我不是遭遇到這個什麼「雷曼兄弟金融風暴」瞎搞，我真的不會這麼淒慘。一切都是時運不濟！

這樣你明白了嗎？嚴以律人，寬以待己，是基本的原始人性。當然，這樣的本質傾向將會為我們惹出許多麻煩。因此修練個性，一直是生命中很重要的功課。

有太多成年人對老天的這項作業都還沒交卷，當然我們也不能怪年紀小小的宥辰會這樣對別人的過錯，過度放大，窮追不捨。

面對這類型孩子我們可以怎麼辦呢？或許你可以試試下述建議。

一、不隨之起舞

孩子窮追不捨、連珠砲轟的背後，有他一直逃避不去面對的問題。建議爸爸媽媽在當下試著將孩子當作一位表演者，不需要對他生氣，不需要有情緒反應：我們就想像自己坐在國家戲劇廳看人演戲吧！！

嗯！如果這個方法對你真的太困難，你真的已經很想出手一巴掌『洗』下去。那或許你可以試著這樣說：『我感覺你很不舒服，也知道你很生氣，我很願意幫忙，我錯的部分我也願意道歉，但是如果你要這樣一直罵不停，我也快發火了，等你想到更好一點的講話方式，再來找我吧！』然後先行離席。

二、找出關鍵問題

孩子的一連串砲轟與埋怨裡，絕對會談到他所真正關心的問題。請千萬不要聽到他講什麼，你就回什麼。然後不知不覺兩個人都一路回到過去，愈講愈遠，愈吵愈失去重點，然後將隔壁的阿花阿貓小狗狗都一起扯進來了。這樣是絕對無法解決問題的。

找出關鍵重點，確認孩子是否是因為這件事而生氣。例如：『所以你覺得我先拿禮物給表妹他們，你覺得很難過，是這樣嗎？』確定這是這次情緒的主軸之後，你便可以引導孩子針對主軸去思考與面對問題，而不是一直陷在情緒裡攻擊別人。甚至是掛羊頭賣狗肉，丟出一堆煙霧彈，對著假事件做處理，你當然是怎麼表達誠意想要解決，都陷在五里霧中。

三、邀請孩子真誠面對自己，解決問題

找出核心問題之後，爸爸媽媽可以對孩子示範：「我很願意因為『某個錯誤』跟你道歉，並且也樂意〞陪伴你想辦法〞解決問題！但是不是可以請你下次直接告訴我你在難過什麼，而不是一直亂罵我，這樣我們都不知道該怎麼辦！」藉著爸爸媽媽坦蕩的示範面對問題與承認錯誤，孩子也將學習如何坦率的接納真實但不完美的自己。提醒爸爸媽媽，所有的吵架，絕對不會只有一方造成的，請也記得提醒孩子要針對自己的錯誤道歉喔！

舉例可說：「好，那我跟你說對不起，因為你是我的小孩，但是我卻先關心別人，讓你難過。但是我是不是也可以請你跟我道歉，因為你難過，卻沒有直接跟我說，而是先亂找一堆東西亂罵我！而且我都跟你道歉了，你還一直亂罵我！」

這裡要提醒爸爸媽媽留意，面對一直將過錯擺到別人身上，千錯萬錯都別人錯的孩子，在教養者技巧純熟前，很不適合使用尊重、同理、包容；建議可能的話要儘量使用就事論事的方式，一方面對孩子示範冷靜討論的態度；另一方面也讓孩子不致於在愈演愈烈的情緒裡迷失，不僅離原本要解決的問題愈來愈遠，對應身邊陪伴的教養者也容易感覺無助，甚而情緒不斷被孩子挑高…最末多半只能快速給孩子策略，匆匆離場，或是自己也面臨崩潰，一起下場感受情緒搖滾，導致雙輸的局面，也失去了自己想幫助孩子面對問題、提升能力的本心。

## ——遇到值得開心的事情，孩子好像沒多久又開始變的很擔心。這會是什麼問題呢？

今天的課程是要去大安森林公園找陌生人玩遊戲。宥辰一聽到，立刻「什麼？」、「真的假的，今天是要去教室外面玩？」，他簡直樂呆了，講話的聲音，完全高上八度，尖銳而興奮的語調，不斷的從他嘴巴裡，興奮的冒出來、冒出來，直到要步出門口，打開鞋櫃的那一剎那。

「我們不帶家長去嗎？」

像這種「原本要出門的興奮一下子全不見了，語氣透露著擔心，好像少了家長跟出門，自己連呼吸都有困難」的情況並不誇張，此時的宥辰非常非常缺乏安全感，想著萬一出門等一下口渴怎麼辦？萬一待會肚子痛怎麼辦？還可能會在半路踩到個石頭，摔個狗吃屎怎麼辦？這些孩子的擔心也表示，平時孩子只要一個眼神，一聲唉唷，家長就會立刻填補孩子的憂心。或是當孩子「看起來」有一絲危機要發生，家長就會立即出聲「不可以」，神之手隨時駕臨，保護無所不在。或許這很像是平常總是會帶著導航出門的，今天導航送修了，開著車子在路上，突然感覺到的那幾許徬徨。

想像一下，如果一個孩子身邊就像有一個隱形防護罩，一切的危機跟嘗試都被阻隔在外，平常孩子感受不到真實事件發生的自然結果，缺少自主機會，一切都有一個人在旁邊嘮嘮叨叨，管東管西；然後突然有一天，孩子可以離開保護罩探索真實與新鮮了，這可真是一個天大的禮物，從天而降。

不過，當真要拆開禮物，除了興奮，還真有點膽怯，他們膽怯的是，究竟這個禮物該不該拆？過去從沒發生過這種事情，萬一裡面是一個炸彈，那怎麼辦？或是什麼噁心的東西，不對！搞不好根本是一個「恐怖箱」，才不是什麼禮物咧！遇到第一次發生的問題，不安跟緊張、需要別人幫忙的念頭快速浮現腦袋，這似乎是每個人遇到緊張焦慮時，都會有的共同反應。然而這樣的狀態愈多，也愈表示，孩子的自主機會太少，缺乏生活經驗，因此當機會來臨的時候，孩子雖然感覺到快樂，但是很快的時間之內，孩子又會擔心自己沒有能力解決接下來將發生的問題，因此在面對到快樂的同時，突然又會快速的轉進憂傷。

遇到這類型的孩子，建議爸爸媽媽可以……

一、多讓孩子擁有生活自主嘗試機會。

例如：自己收書包、吃完飯自己收碗盤、自己洗碗。給孩子多一點打理生活的機會跟時間，甚至故意式的，把生活中的問題丟給孩子，例如：爸爸媽媽突然口好渴，突然腳好酸，怎麼辦？讓孩子試著去解決問題，爸爸媽媽會發現孩子能做的事情變多了，孩子的獨立性也變高了。提醒爸爸媽媽，在開放孩子自主經驗的同時，請不要一直告訴孩子什麼是對的，什麼是錯的，他現在又作對了什麼？又做錯了什麼？讓孩子學著用自己的角度與頭腦來思辨問題的對錯，來判斷焦點的拿捏、問題的衡量。如果不管孩子怎麼做，都是得經過家長的頭腦來判斷好壞，孩子是沒有學會自主能力的。

二、開放孩子的真實生活經驗。

事件發生的當下，可以提醒孩子等一下可能會發生什麼事情（但也可以連提醒都不要），但請絕對不要干涉孩子的行為，讓孩子體驗真實結果。好比當孩子在椅子上扭來扭去，眼看手上的布丁就要打翻了，爸爸媽媽可以提醒孩子：你一直扭來扭去沒有坐好吃，我擔心等一下布丁就會翻倒了。但請不要直接移動孩子布丁的位子，或是幫他把椅子拉遠一點。就坐著看孩子打翻布丁。並且教他如何承受這個後果，並怎麼為自己解決。（當然，如果你已經忙到快斷氣了，那就先照顧好自己吧！）

當孩子的真實生活經驗增加，獨立解決問題的經驗增多，遇上自己沒有接觸過的事物，孩子會更願意自己試試看；這個時候，你將發現，面對到雀躍機會時，孩子不再快速轉變成憂傷、焦慮，而是會顯得興奮、快樂（當然也還是會有緊張），因為此時的他，已經深深的相信，他有能力可以掌握自己，也相信自己能在過程中表現得很好，展翅高飛。

## ——很多人都說我被孩子控制了？為什麼？那我該怎麼辦？

我就說「為什麼要帶家長去？」

「應該要帶家長去吧！」眼睛穿透我，看向坐在沙發的媽媽心底。注意，不是眼底，是心底。而媽媽也立刻獲得心電感應，即刻從沙發上彈跳起來，慌忙的想要前往鞋櫃穿鞋，伺候皇上擺駕，喔！不，是被少爺帶出門，唉，不是，是帶兒子出門。一切的鍊結，是如此快速的理所當然，快到讓人要是不小心多吸了一口氣，就來不及反應。

只要一個眼神的交流，媽媽便能毫不猶豫的替補上協助角色，這樣的默契實在太好啦！如果應用在團隊裡面，絕對可以說是合作無間！所向無敵！不過，如果是發生在親子關係中，這可就麻煩大了！

以兒童發展的理論（可參考下頁表）來看，孩子還是 baby 時，他們的需求幾乎只能用哭的方式來傳遞，這個時候，如果爸爸媽媽能夠在孩子哭鬧的第一時間，

心理社會發展的八大階段：0 到 1 歲為信任關鍵期（Eric H. Erickson）

| 階段 | 年齡 | 發展特徵 |
|---|---|---|
| 1 | 0-1 歲<br>嬰兒期 | 嬰兒期時，孩子向外界傳達需求方式有限（如：哭），因此孩子表達需求時是否能得到照顧者的理解（安撫）及適時的滿足，此一形態的順利發展將有助於孩子在拓展互動時較能在關係中感受安全和信任。 |
| 2 | 2～3 歲<br>幼兒期 | 幼兒期時，孩子除了在嘗試對身體的掌握控制（如：大小便）或面臨父母親的規則遵守時（如：被允許做的事），當照顧者面對孩子的脆弱時（大小便失控 / 做不到大人的要求），照顧者多以責罵 / 指責 / 懲處或多以負向情緒為第一反應，孩子將在發展過程中陷入自我獨立的懷疑 / 否定（因為表現不如大人的期待）。 |
| 3 | 4～6 歲<br>學齡前兒童期 | 學齡前階段，孩子正在認識自己是誰，多以認同父母並且感覺自己是無所不能的狀態，當孩子在大量嘗試的經驗中同時符合自我期待時，孩子將可順利發展出主動的特徵。 |
| 4 | 6～11 歲<br>學齡兒童期 | 學齡兒童階段，孩子正式進入校園，開始大量的學習與累積知識，在此階段孩子若能產生正向學習意願 / 動機，透過學習獲得成就感，將有助於孩子發展持續勤奮進取。 |
| 5 | 12～18 歲<br>青少年期至青春期 | 青少年期至青春期，影響孩子的價值觀不再僅僅是由父母親或師長所主導，更多時候是同儕相處的評價或回饋，因此孩子如何在此階段發展多元的自我認識及自我整合，將有助於孩子作到自我統整；反之，孩子容易自我混淆，不清楚自己的角色定位。 |
| 6 | 19～30 歲<br>成年早期 | 成年早期階段，在人際互動中是否感受到緊密與滿足，若無法在互動關係中滿意或遭受挫敗時，也就多感受到孤獨。 |
| 7 | 31～50 歲<br>成年中期 | 成年中期階段，在投入的領域中（如：職場）是否能感受到價值 / 成就感，此部分將有助於發展出積極生產正向效能（精力充沛）。 |
| 8 | 50 歲～生命終點成年晚期至老年期 | 成年晚期時，再回溯過往時，個體進行整合時多是感受到接納或絕望。 |

就出現給予協助，便能讓孩子建立對這個世界的信任。接下來，孩子開始學會爬、學會走，開始大量探索這個未知世界，就是爸爸媽媽們開始頭痛的時候了，為了不讓心肝寶貝受傷，因此都要跟在孩子後面，確認自己有過濾掉所有危險，也才能確認孩子安全無虞的成長。長久時間下來，爸爸媽媽便練就一身好功夫，父母與孩子的默契，不言而語。

聽起來很不錯，而孩子成長的變化快速，讓我們忘了時間，突然間，孩子已經開始來往學校與家裡了。但是，你還是用著以前的方法在教養他嗎？全神貫注的看著他的一言一行，隨時準備要周延他的生活，確認他的安全？

而以前的適切，對現在的孩子而言，適當嗎？

父母的協助，或者我們可以稱之為「教養」，最終的目的，是希望孩子能夠帶著我們給他的天賦潛能（基因），走出家門外，發揮。

再簡單一點的描述，就是我們對孩子的所有協助與栽培，都是為了讓孩子擁有在家門外過的快樂、自在與滿足的能力。清晰的知道這個重點，把這些話刻在心上，然後，想想孩子如果要在家門外過活，需要哪些能力？

沒有任何一個其他人（或許除了你之外），有能力對孩子進行心電感應、有能力對孩子無微不至，除非孩子懂得表達自己、懂得經營愛、懂得愛人、懂得與別人溝通與協商、尊重與自主。

因此，別再為孩子模擬一個不存在的世界了，如果除了你之外，不再有人可以知道他的這個眼神是想喝水，那你儘管再明白，也忘了吧！把痛苦、麻煩、花力氣、爭執以及這個真實的世界還給孩子，孩子會吵、會鬧、會累、會抱怨，聽起來很麻煩，但這就是真實，當孩子懂得應對這些真實的時候，我們自然就不用擔心孩子去到一個沒有我們的地方，而只有在這個時候，我們可以自信的把手從心口上幽幽的放下來，相信我們的教養很成功。

## ——要我不以孩子為主軸過生活，我真的很有罪惡感。這樣對嗎？我到底應該怎麼辦？

當然，在吸氣之前，媽媽就被我制止了，乖乖的退回沙發上，慌亂的眼睛寫著：「這樣好嗎？我可以這樣（違背聖意）嗎？」

對於媽媽的慌亂，看在眼裡真是又心疼又憤怒。到底是誰抹煞了母親的自由？

母性為天職，是天生就會當媽，還是老天給你機會學習好好當媽？有多少少女進入到媽媽這個角色後，已經不再關注自己是否感覺舒服、健康、快樂、疲憊、滿足，甚至誇張一點連自己是否邋遢都無法顧及。將所有的關注全心全力全腦力全情緒全資源的投注在孩子身上，真的好嗎？讓我們提醒一下你，如果連媽媽都不快樂了，孩子可以感覺到快樂嗎？

在這裡我想提提另一個來過笛飛兒的孩子：「寬寬」（同為化名）。

寬寬的家庭是富豪後代，從小受到阿嬤百般疼愛，也因此阿嬤除了把寬寬呵護至極外，也要求媽媽要無微不至的照顧寬寬，因為寬寬將來會是這個家族未來的繼承人，因此不但照料上要無微不至，還得取悅寬寬，這樣寬寬長大後才會因為養育恩情，奉養阿嬤和雙親（至少阿嬤是這樣想的）。

所以，寬寬在家裡除了寫作業外，不需要做任何家事、做錯事不會被處罰、心情也盡量控制在開心、興奮、愉快的範圍。直到媽媽漸漸發現寬寬的學校生活越來越不順利，自信心低落、人際關係不好、挫折容忍極低、自我要求極低、情緒開始極端易怒。勇敢的媽媽決定要做些教養上的改變，好讓寬寬可以真的好好活著、有抗壓性、基本的自我要求、情緒控管能力（我想一位真正好的家庭繼承者，具備這些才是真正的必備款吧！）

不過，沒想到一心一意呵護孫子的阿嬤因為媽媽的改變，憤而將這個「不盡責的媽媽」趕出門，而當寬寬在面對到媽媽的小小負責要求時，便會使出從阿嬤那邊學來的：「你這個巫婆！我們家的錢是不要分給你的！我不聽你的話，走開！」

你聽了也感到不可思議嗎？是的，在這樣的教養下，我們根本不需要去想未來的寬寬是否能成為一位支撐整個家族的稱職繼承人，因為在現在這個時點，你與我，或是任何人，都幾乎可以當一個厲害的算命師，預測她如果繼續這樣下去的話，恐怕很難守住家族產業（如果連對自己負責都不會的話），更不會念及什麼養育之恩而在媽媽年老、阿嬤年邁後，用心照顧他們。因為對一個這樣長大的孩子而言，他的世界以及他的立場所看到的觀點，就是所有的一切，都是為我而運行！（那我為什麼要考慮與顧及別人呢？）

這個故事很驚悚的表達了一件事：全心全意為了孩子消滅掉自己，是完全不恰當的事情。孩子的第一個社交場合在家庭，走出家門之後，也很自然的複製了家裡的人際模式，多少心理諮商在談的課題，都是成人意識到自己不斷的重複小時候不經意被扣上的鎖，不斷跟未來的伴侶或家人重複自己小時候與父母互動的樣子。從小讓孩子學習尊重你，就像尊重這世界上的每一個人一樣，懂得接納你的拒絕，就像接納這世界上任何其他人的拒絕一樣，親愛的母親，這是非常重要的，請做你自己，做出你最快樂而最棒的自己。

## 讓孩子習慣跟我一起行動，是有什麼不好嗎？

而宥辰也一臉覺得，我就是應該把我媽帶上。怎麼會只有我出去，媽媽坐在沙發呢？這樣不對吧！太不對了！！

每每看到孩子站在門口，呈現一種可以出去玩的開心卻又同時交雜著媽媽怎麼沒有要跟我一起出去的擔心膽怯，那種複雜矛盾的情緒；看得真是令人不禁莞爾。自主探索和情感依附，什麼時候變成了選擇題而讓孩子變得猶豫不決、躊躇不前？

腦神經科學提到，鏡像神經元有如一面鏡子，能反映出他人的情緒並讓自己呈現與他人相同的情緒狀態。這個特徵在嬰兒時期就已經可以明顯看見，所以我們在嬰兒面前做出誇張笑臉，嬰兒也會跟著我們露出笑容，當我們做出哭泣或憤怒表情時，嬰兒也會露出傷心、生氣或驚恐的情緒（注意：某些嬰兒因天生鏡像神經元密度較低，將沒有此反應，但這些嬰兒也幾乎在人際發展上會遭遇到比較多困難）。

既然嬰兒都能敏銳的覺察他人的情緒，又何況朝夕相處、情感深切的親子關係呢？所以古人說：「傷在兒身，痛在娘心。」這句話確實不假。然而，親子情緒相連的緊密雖然很有必要（幫助嬰兒存活以及透過依附者認識、探索這個世界），但過度的情感鍊結與生活依賴反而對親子關係有害。為什麼呢？

讓我們再舉個例子：「花花」是個非常聰明的孩子，不過特別的是：他去到哪都必須帶著媽媽，如果媽媽不一起。花花便哭的稀哩嘩啦、無法行動。所以媽媽便為了花花離職，每天和花花一起上學、一起上廁所、一起陪他和朋友玩遊戲、一起放學、一起⋯⋯；除此之外，只要花花突然發現有些事做不來，便會突然開始大哭：「我想媽媽⋯⋯」（媽媽當時只坐在離教室三步距離的門口），搞的媽媽焦慮不堪，心力交瘁。

但是，你認為花花是真的想媽媽嗎？

顯然不是。其實花花誤將媽媽的能力貼在自己身上。從過去和媽媽相處的過程中，花花打從心裡認為和媽媽一起時的好表現，就是自己最真實的樣子（但中間有許多媽媽的協助與幫忙），因此她應該是要做出『這種』高質感水準的表現的：積木應該可以疊到這麼高，畫畫應該要畫的那麼圓（而且是很輕鬆的），因此當媽媽不在身邊，而花花開始發現自己無法達成這樣的水準表現時，便無法承受這個無能的自己，開始慌張、哭泣，雖然她嘴巴裡喊著：想媽媽，但事實上，花花是需要呼喚媽媽來解決花花的問題，讓花花繼續相信自己是個棒小孩。（當然也有其他個別狀態，請勿隨意論斷他人，此分析脈絡以故事主角為例）

久而久之，花花對自己能力的假象漸漸變成一種虛假的自我認同，包住的糖衣其實是一層毒藥，為了這個虛假的美好，孩子愈來愈害怕探索真實世界，愈來愈害怕面對到困難險阻，她開始都照著妳的意見行動，做妳認為對的事，不敢為自己選擇、判斷與承擔，不做任何妳認為他不應該做的事（或是稍微做了就痛苦的跑回來求救，承認妳是對的，他不乖是錯的）。當然，經過妳的精準判斷與規劃，孩子可能直到50歲都不曾遭遇過什麼大風浪。但是，然後呢？妳留在他身上的天賦潛能，只是為了讓他可以呼吸，吃飯，活下去嗎？孩子不曾發揮什麼？創造什麼？這樣真的值得嗎？

有很多人羨慕銜著金湯匙出生的孩子，你也曾經是嗎？請讓我們告訴你，老天真的很公平的，每個人都有屬於自己的功課與挑戰。夾帶著千萬貫家財來到世上的孩子們，總是不小心的就太有面子、不小心的就獲得太多，在這樣的過程中，要引導孩子抵抗這些讚美與物質的誘惑，理解不要輕易戴上屬於別人的面子，引導孩子學習真誠的為自己努力與創造價值，難度是遠遠高於一般家庭的。稍微一個不小心，孩子習慣了這一切，忘記發揮父母留在他身上的基因潛能，來為自己、社會創造價值；一個不小心，為了表面上的面子而濫用手上的權利。

很多時候，孩子就這樣「不小心長大了」；很多時候，我們發現時，自己也已經無能為力了；也是很多時候，整個龐大家族就這樣慢慢的消失了。但或許，這就是老天所在製造的功課與平衡吧！

現在，妳還打算讓孩子總要習慣與妳一起行動嗎？

## ——如果我看不到孩子的時候，他發生了危險該怎麼辦？這真的不是我能承受的！！

由於我的堅持，宥辰猶豫的走入電梯，在電梯中宥辰是如此的戒慎恐懼，從來沒有發生過這樣的事情，他該怎麼辦？會不會因為沒有媽媽所以發生了什麼意外？時間夾雜著焦慮，電梯門突然打開，外面涼爽的風撲面而來，一瞬間，宥辰像是接觸到前所未有的自由空氣，他突然間意識到：「天啊，我自由了」，再也沒有一個煩人的媽媽在旁邊唸我，然後開始非常非常高興，整個與好友講話的聲音都是用高分貝，像是直昇機賣力的擺動螺懸槳準備升空起飛，遠離哪個讓人帶著束縛的區域。宥辰開始非常非常高興講話，一直以「啊！」「哇！」那種尖叫聲，非常高興，一直拉著好友睿原，一直瘋狂聊天，一直瘋狂聊天。完全忘記旁邊還有老師，還有路人，還有街道，還有其他的伙伴。

成為父母親後，有人說是完整了生命藍圖，有人說是甜蜜的負荷，無論哪種說法，都相信是成為爸爸媽媽的您，很深深感受的箇中滋味。有時酸、有時甜、有時苦、有時淡、有時辣（關係緊繃）。但不管如何，我想大多數人都是希望同一件事：希望我的孩子好。希望自己的孩子，能健康、快樂、幸福，甚至是可以創造一個有價值、有競爭力的人生。

那麼，該怎麼讓孩子好呢？有蚊子我們就幫他打蚊子，跌倒了就幫他打地板，吵架了就幫他打小孩，作業太多就幫他打老師？是這樣嗎？

相信明智的你很清楚知道答案絕對不會是：是的。

用我們的能力幫孩子解決他眼前的難題，等於是幫孩子鋪一條通往死亡的路。

那麼，該怎麼辦呢？我們希望孩子好，又不能這麼直觀的對他好，難道要對他壞嗎？但是看著他水汪汪的眼睛，心底又捨不得，到底應該怎麼辦好呢？

請讓我們給你一個簡單的方法：教養需要聚焦於遠程。想想孩子走出家門之外，需要學會什麼？需要具備什麼？這些就是教養的關鍵。

因此孩子跌倒了，他痛了我們心也痛了。那遠程是什麼？遠程是今天沒有你在孩子身旁，孩子還是可以生活的如此精彩。因此這個時候我們要忍住心痛，告訴孩子他要怎麼面對這個問題，怎麼保護自己，怎麼接納損失，怎麼再為自己站起來。

因此，請千萬不要為了孩子現在的好，而隨侍在旁，而幫他清除所有危險，而把他放進玻璃罐裡，像小王子在保護玫瑰花一樣的保護他。把真實還給孩子，把新鮮還給孩子，把世界還給孩子，這個過程雖然好像也把孩子送到危險面前，但是懂得辨識危險比逃避危險重要的太多了。而懂得面對危險的誘惑，然後管好自己的人，也遠遠比從來不曾遇過危險，因此只要一遭遇，就深深陷入，就狂喜狂悲，就萬劫不復的人，競爭力多的太多。

教養最忌諱的就是頭痛醫頭、腳痛醫腳（只注意燃眉之急的問題）。感覺孩子面臨了學習上的困難或人際關係上的壓力，就要學校老師放低要求給孩子及格，甚至拜託老師安插個朋友給他，這個方法好像是給了孩子一切美好的願景，空氣這麼新鮮，世界這麼美麗。但是事實呢？請注意，這樣行動的事實，就是剝奪孩子能力發展的機會（耐挫力、人際技巧能力、問題解決能力、適應力等），日子一天一天繼續過，但突然就那麼有一天，你發現你扛不起孩子了。也是在那一刻，花好月圓的景象，會瞬間像斑駁的泥牆，傾斜癱塌。

## ——孩子總是答應又賴皮大哭怎麼辦？我真的拿他沒辦法？難道我要眼睜睜看他痛苦嗎？（尤其是孩子有醫生診斷上的問題，如氣喘、腸胃差、發育較低等情況，家長尤其無法承受）

一路從教室往大安森林公園的路上，小朋友走阿走，走阿走，和風煦煦，日照冉冉，突然，宥辰跟我説老師我好渴：「老師你幫我們去 7-11 買水喝好不好？」一講完，眼睛直接定住便利商店的花花櫥窗，滿臉都是滿滿的期待與嚮往，一臉就寫著待會進去我可不想隨便買杯水，而是可以買我喜歡喝的飲料就恰恰好這麼完美。

沒料到，老師淡定的說著：「剛剛出門之前就已經問過要不要喝水？要不要帶水？你們自己沒有人要喝水，也沒有人想要要帶水，現在跟我說口渴我也沒辦法囉！」聽完這段冷靜的鐵板話語，宥辰臉色轉變頹喪，滿臉改成「哎，好吧，我就認了我剛不帶水」並急著辯解：「我剛剛其實有喝一口」。但很顯然的，走到這裡，五百公尺的路上，他已經發現了，一口水解不了未來的渴。

聽到上述故事裡的老師這樣冷靜的回應，也許爸爸媽媽們會驚訝：嗯！要是不給孩子買他想要的，他們一定是一哭二鬧三上吊的全套都來，怎麼這個宥辰還能夠接受這個事件呢（不是都企圖耍賴了嗎？）？

嗯，能夠接受壞結果，表示宥辰已經慢慢具備自然結果的承擔力了，種瓜得瓜、種豆得豆，要培養小朋友選擇與承擔的能力，有時候確實就需要讓孩子們面對這些後果。偷偷跟爸爸媽媽講一個秘密：孩子沒有我們想像中的脆弱喔！只是我們都好希望孩子的成長過程可以平安喜樂，盡可能在他們小的時候事先預防那些看似「不必要」的錯誤。但其實這樣的行為，事實上，是我們大人在避開自己的脆弱。

適度的拒絕孩子的需求和讓孩子嘗試錯誤，就像打疫苗一樣，當下孩子們會痛得哇哇叫、想要跑開，可是誰不是這樣長大的呢？從小能夠不時給孩子這樣的磨練，寶貝就能學習在痛苦之後勇敢往前，自然耐挫力與承擔力就能不斷提升。

在這個「喝水事件」當中，宥辰就瞭解，原來每次要出門的時候，爸爸媽媽一直嘮叨叮嚀著他：要喝水、要帶水，就是為了讓他很累很渴的時候能夠休息一下。爸爸媽媽的生活經驗一定比孩子多太多了，能夠「看到」的地方也比孩子遠太多，可是這個年紀的孩子沒有這麼完整的思考判斷能力、以及事物因果的連結，所以只能看到當下，沒有辦法做到「未雨綢繆」，而如果我們總是一直對孩子耳提面命，除了被孩子嫌棄我們嘮叨碎念之外，恐怕還會讓孩子失去掉為自己選擇與為自己承擔，然後未來為自己計畫，為自己打算的能力。

因此，老師實際讓宥辰經歷這個事件，他就能更深刻的了解，為什麼爸爸媽媽總是提醒這麼多，這些到底只是在瞎操心、還是真的有意義？事情沒發生一次，很多孩子是感受不到的。

好面子的宥辰即使知道這是自己選擇後的結果，但還是沒有辦法低下頭承認自己的錯誤，只好趕快找個地方合理化解除這種討厭的感覺，心想著：其實我剛剛有喝水阿！我才沒有這麼笨勒！這樣就能讓心裡的失落感變少了。這就是心理學大師佛洛依德所說的防衛機轉，其實每個人內心都有一些我們不想要面對的事情，防衛機轉就是為了要保護自我避免受傷。用一個自己或是社會上能夠接受的理由來解釋自己的行為，讓它看起來合乎常理，這是很多人都會有的現象。但這樣騙著騙著，事情就會解決了嗎？還是只是一時心裡舒服一點了，就解決了呢？恩…我想宥辰生理上的渴是還沒有辦法解決的，合理化的自我防衛只能治標不治本，不過至少在這樣的過程中，宥辰倒是越來越能瞭解為未來打算與為自己沾些麻煩的重要性啦～

以宥辰做例子，妳可以明白：試著睜開眼睛，忍住自己的心痛，就看著孩子痛苦一下，是不是很重要？

## ——孩子發生問題時，都沒辦法自己解決，總是需要別人幫忙，甚至還會說一些風涼話，這是什麼問題？

踢了鐵板之後，大家走進了大安森林公園，開始快樂的，瘋狂玩耍，跑阿跑，爬阿爬，你看大安森林公園這麼琳瑯滿目的遊樂器材，這麼多孩子在跑阿跳阿，光是看，細胞都興奮的想要大吼大叫了，孩子當然是幾乎一刻不得停，彷彿要用盡一生的愛只為了在這裡玩個過癮，才能徹底滿足。

當然這種用盡一生的愛，與一身的力氣的身體使用法，很快的孩子們又渴了。於是睿原停了下來，說：「我好渴，我要去喝水」，開始移開遊戲區，往某個方向前進，宥辰看著好友睿原的舉動，當真是摸不著頭緒，剛剛明明大家都沒水，老師也這麼狠心不肯買水，你傻傻的說著你要喝水就走了，是要去哪裡喝阿？帶著滿臉的疑惑，宥辰就這樣跟在睿原旁邊，與小千三個人，一起慢慢的移開遊戲區，往某個目的前進。

一路上，宥辰跟著睿原，但他也沒打算安靜著：「喝水？」「你瘋啦！這裡哪有水可以喝阿？」「老師又不買水，哪有水可以喝阿？」「你身上有錢嗎？沒錢哪來的水阿？」「你要喝水溝的水喔？」「喝汗喔？」「喝口水喔？」總言而之，就是一連串的「喝水」聯想大爆發，混雜著什麼「你是不是腦袋開花？」搭配著中文 Rap，卡通音調之類的，一直在那邊講一些胡說八道的話。

看著這樣的宥辰，真的是會讓人覺得好氣又好笑，我們先稱讚宥辰在自己遇到困難時，能夠勇敢的向人（老師）提出要求（請老師買水），這是很好的能力。以及已經累到半死不活了，他還可以從喝水這個目標裡，大爆發出一大串的聯想與Rap，雖然如果剛好你是他母親，可能在當下又累又吵的很想找一面牆撞一撞暈了算了，但事實上，我必須告訴你，這樣的缺點後面，可能隱藏著宥辰具有極大的創意、語言表達與節奏天賦，意思就是說：他搞不好會成為未來的脫口秀專家呢！

回到正題，當然我們教養的目的，是要孩子學習自己可以解決問題、而不是總是依賴別人的能力。從宥辰找老師買水最後碰釘子、到最後自己真的渴到快被曬成菜圃時，隔壁的好友突然間一副理所當然的要去解決問題了，這一連串的反應，顯示出宥辰：

一、自我表達佳：在面對問題或困難時，宥辰很能夠表達出自己的想法，甚至也很有能力要求別人幫自己解決。不管是直接要求或是轉嫁，在這個故事中我們可以很清楚的看到這個脈絡。

二、問題解決能力薄弱：在思考如何讓自己喝到水時，宥辰的腦中迴路容易被侷限在要嘛自己帶水、要嘛去買水的一直線思考中，無法進行破框思考，讓腦筋轉個彎、換個角度去想想看。這也可以讓我們預測，可能遇到問題時，宥辰很容易就卡住，陷入苦惱和無助的循環中。

面對像宥辰這樣的孩子，不解決問題又愛說些風涼話。請爸爸媽媽理解：問題解決能力與承認自己不好，需要再改進的自省能力，絕非一蹴可幾。這些能力同時牽涉到孩子覺察問題的敏銳、面對問題的勇敢、思考彈性程度的高低、搜尋環境資源的能力、同時也跟孩子的生活經驗刺激的多寡等有著高度的相關。

幸運的是，腦神經科學研究明確指出人類的大腦具有高度可塑性，多去接觸各式各樣的人事物，增加不同的知識與經驗，可以增加大腦中神經的新連結迴路，且透過大量練習可以增快神經傳遞的速度，藉此增加思考的速度與彈性，所以孩子的能力絕對能夠透過練習與磨練來提升。建議爸爸媽媽可以這樣做：

一、日常生活中，多丟一些問題請孩子思考：

小至餐點菜色的選擇，大至家庭旅遊的規畫等等，都可以試著邀請孩子來思考看看。（提醒：如果是享樂型的決定，建議要有個上限額度喔，像是開放孩子點餐，但全家吃飯花費必須在五百元以內；而不是給孩子決定就無限上綱唷！）帶孩子在日常生活中多動動自己的小腦袋，這可以增進腦內神經訊號傳遞的速度，提升思考的速度與彈性喔！

二、當孩子說風涼話的時候，提醒他把同樣的時間花在解決問題上。（引導他專心做上一點的建議）為什麼孩子無法解決問題又要拚命說風涼話，因為他發現自己弱了，卻又無法承認自己沒有能力，因此想要講一些五四三的來混淆焦點，顯現自己其實能力還不錯。你千萬不要被孩子拐到其他焦點上喔（開始責備他為什麼要講這些話，就是被孩子拐騙焦點的行為）！

多帶孩子去探索各式各樣的事物，多去旅遊與探索，讓孩子有機會大量的接受刺激，增加孩子的生活經驗，幫助孩子擁有更充實的解決問題資料庫，你會發現，孩子遇到問題更加積極面對，而風涼話早就不知道哪裡去了！（注意：成人式的旅遊方式，逛一圈大家看看風景就好，沒有此效果！）

## ——有人說：我對孩子的反應太快？我真不懂？怎樣才是快呢？他做錯事我趕快跟他說，教他什麼是對的，這樣為什麼是反應太快呢？

睿原與小千穿著涼鞋，快步走進沙坑區。宥辰想也沒有想，也穿著他的布鞋一起走進沙坑區。很顯然的，聰明如你，很快就知道將發生什麼事了。所有人的鞋子都理所當然的進沙了，但是涼鞋進沙與布鞋進沙，可是很顯然的不同，涼鞋沙子來沙子去，敲一敲踏一踏沙子又顯然的變少了，但是布鞋呢？沙子來了卻去不了，玩了好一會，滿鞋子的沙子可真正難受，一段時間後，睿原穿著他的涼鞋，走出沙坑區，打開水龍頭，把涼鞋與腳一起放入沁涼暢快的水下，很快的，沙子沖走了，腳又乾淨了。宥辰呢？當然也是跟在睿原旁邊，把另一個水龍頭打開，把布鞋與腳一起放入沁涼暢快的水下，很快的，水淋濕滿滿的布鞋與襪子，沙子仍舊完全卡在裡面，這一整個完全就是不對了，怎麼愈沖水愈不舒服，這是什麼鬼事？

宥辰顯然不知道這到底是什麼鬼事，繼續調大水龍頭，拚命將自己的布鞋與襪子送進水裡沖，讓鞋子襪子與餃子（腳已經變餃子了）一起吸滿水，讓腳包在一團和滿沙子的濕布團裡，直到我開口：「宥辰，你穿的是布鞋，要沖腳應該要先脫掉鞋子吧！」

宥辰抬頭看了一看我，快速的脫掉濕掉的鞋子，再準備把襪子與腳繼續放在水下沖。顯然的，問題並沒有解決，於是這次宥辰把襪子脫掉了，再把腳放到水下沖，手裡拎著濕襪子濕鞋子，這次果然沖乾淨了，於是，再脫掉另一隻腳的鞋子襪子，再拎著，再把右腳放進水裡沖，終於兩隻腳都乾淨了。宥辰滿意的要離開洗腳區，沒想到，一踩出來，怎麼搞的，踩出來地上都是沙子。怎麼會踩出來地上都是沙子呢？宥辰又覺得自己的腳又沾到沙子了，於是又再踏回去洗腳。洗完腳之後又再踩出來，耶，又髒了，他又再去洗腳。

然後呢？就這樣，宥辰洗完腳再走出來又踩到沙子又再進去洗腳，又洗完腳後走出來又再踩到沙子又進去洗腳，他就一直反覆的在那邊洗不停又踩不停。手上拿著淋滿水的濕鞋子與濕襪子，以及沒有濕的鞋子與襪子，混來混去，走來走去，水開來開去，潑來潑去，全部都濕了。但是，宥辰已經知道自己現在來到一個「寸步難行」的窘境。

睿原早就洗好了，也眼睜睜的看著宥辰來到這個困窘的狀態。對於宥辰的行為，睿原很明顯的納悶，但是他沒有質問宥辰，也沒有嘲笑他，反而又走向水龍頭，打開水，兩隻腳踏進水槽，一派輕鬆愉快的沖水，也等著宥辰不斷的嘗試「如何一隻腳又一隻腳的輪流洗，卻可以兩隻腳都乾淨的走出去」。然後也是穿著涼鞋，早就洗好腳的小千，站在旁邊，疑惑了：「這是怎麼回事？不是洗好腳要走了嗎？怎麼突然變成一直洗腳？」小千疑惑著，卻又不曉得該怎麼開口問，於是隔一會兒小千轉身，自己往後走了十幾步看看別人在玩，爬爬一下樓梯，這些時候，睿原與宥辰還是繼續不斷的洗腳，左腳右腳，右腳左腳，兩隻腳一起洗，於是小千又無奈的走回洗腳區旁邊等待。

直到我開口：「你們兩個必須離開這個位子了！」宥辰才真的很擔心的準備離開。我也幾乎可以跟你打賭，如果今天不是我開口，或是下一個天大的石頭打下來讓宥辰必須面對這個問題，否則他可以繼續在水龍頭下反覆沖腳，沖到月黑夜風高也是絕對沒有什麼問題的。

腳上有沙了，沖腳…腳上有沙了，沖腳…腳又有沙了，再沖腳…腳又有沙了，繼續沖腳…腳依舊不斷有沙在腳底板，宥辰也反覆不停的沖腳。

早已不是第一次，我看著孩子們重蹈覆轍，心中有昭然若見的解答，卻不發一語。

為什麼？以我們三四十歲的生命經驗，解決一個七歲孩子遇到的難題，難嗎？不難！

以我們三、四十歲的生活經驗，解決我們正感到苦惱的難題，難嗎？還是難！不同的經驗值，讓成人比孩子具備不同的解決問題能力；大人當然可以站在更高的角度宛若天神降臨般，把孩子的問題直接解決。

但一次兩次三次後，宥辰還是會在同一個問題上栽跟頭。因為他的重點就在於：經驗值不夠！甚至我可以告訴你，他已經不夠到想要一直假裝他的問題被解決了（短短一秒鐘的腳底無沙）。

宥辰企圖當隻鴕鳥將頭埋在沙坑，不肯面對真實世界的問題。一次又一次，反覆耗損著水資源；考驗身邊所有人的耐心；也考驗自己的挫折承受度。

可惜，笛飛兒的老師向來不走無止盡的包容路線；反而是當孩子把機會用盡（或用到某種程度），該面對的問題會原原本本放到孩子的肩膀上。

這是笛飛兒的老師很努力堅持的原則：必須勇敢跟孩子提出要求／限制。透過強化問題，增加孩子對問題的感受；同時激發孩子排除問題的企圖。

當宥辰被迫從水龍頭下站出來到石板地，他才有機會發現，排除掉水這項資源，自己還能有什麼策略將腳上的沙變不見。

從沖水的小小勝利與屢屢踩出就挫敗的循環中跳出來，看看有沒有別的可能。限制，常能弔詭激發想像的無限可能。

這裡的限制，特別必須澄清，指的并不是「限制探索」，而是「限制重蹈覆轍的解題模式」。

舉個例子來說，在笛飛兒教室的孩子常面臨利益分配不均的議題；往往老師都是在拋出此難題後兩手一攤，說：「啊！那你們自己想辦法吧～我都把金幣送你們組了，你們自己討論喔～。」

能力好一點的班，老師可能還會說：「怎麼分是你們決定的，但我已經看膩剪刀石頭布了，請想新招！（哈哈哈）。」

我們曾經看到幼兒園年紀孩子在被限制後，激發想像，提出的方案有：

- 我們比跑步。
- 我們比年紀。最大／最小的人分比較多。
- 我們比吐口水。（呃…確實有點噁心，但第一，請瞭解這就是孩子的世界；第二，如果孩子也可以考慮到老師感受與環境衛生，提出周延處理，此方案是會通過的）
- 比拍球拍比較多下。
- 比記得最多名字。

……其他。

你覺得吃飽太閒，沒事找事嗎？但是，我們的世界為什麼會只有一種標準答案呢？

問題與麻煩能夠激發想像與磨練心志。世界角落曾有無電可用的地區，激發有為青年運用太陽能與回收瓶創造晚上可照明的電燈；無經費可畢旅的台灣偏鄉孩子，激發出自行製作香皂販賣籌措旅費的創意執行；無法翱翔天際的困頓，激發萊特兄弟對於飛行的渴望……

當全球世界漸趨平坦，孩子未來競爭對手已經不只在台灣。我們能夠造就他們什麼樣子的競爭力，就看我們能及早給他們多少向世界發問、為世界思考解題的創造思考能力。

是的，一切教養前提的前提在於，請把孩子的問題還給孩子，就讓他在問題裡稍微泡一下吧！為什麼一遭遇問題就必須立刻解決呢？絕對不要為了簡便、快速，以比孩子多了三四十年經驗值的姿態，將孩子跟前的石頭搬走（或是總是教孩子如何正確搬走的方法），同時也搬走孩子可能的成長！

## ——又說要「教」養孩子，又說要「尊重」他，又說要「鼓勵」他嘗試探索，這中間難道不矛盾嗎？

好啦！必須離開洗腳區，那到底該怎麼辦呢？一踩出去就是沙子，手上的襪子與鞋子都像baby的尿布一樣濕了，宥辰無助了，看著地板、看著襪子、看著鞋子，他完全不知道他到底是要穿襪子還是要穿鞋子，因為他已經很確定的知道，他一旦走出去他又將踩到沙子。於是我看著宥辰，輕輕的說：「宥辰阿！以你現在這種局勢，你只剩下赤腳了。」

聽到「赤腳」這兩個不可思議的字，宥辰的臉驚恐與荒謬的都尖了。高聲的喊著：「什麼赤腳？」「我怎麼可能赤腳？」我說為什麼不可能赤腳？你已經把你自己搞成這樣，你襪子也髒了，鞋子也濕了，外面也都是沙子，你只要踩到沙子你就整隻腳都沾到沙子。你把沾到沙子的腳穿襪子，或者是濕濕的腳穿濕襪子，然後再穿濕鞋子，這全部都不對吧！但是宥辰也很有自己的堅持，他沒有辦法赤腳，所以他還是沖水後把濕濕的腳塞進濕濕鞋子裡。

近年來，擁有自己堅持的孩子愈來愈多了。

在「愛的教育」與「尊重孩子」掛帥的教養主流裡，小至牙牙學語的孩子，大至青少年甚至成年的孩子家長，無不反覆探詢孩子意願，傾聽孩子聲音。像是違背了孩子的意願與喜好，就心中有愧⋯⋯

日前我曾到台中著名景點高美溼地觀光，面對著絕美海景，鑽入爬出的許多生物，大人孩子紛紛脫了鞋襪，在現場踩呀踩、挖呀挖，跑跑跳跳，散步觀日⋯⋯許多人一面享受著微風拂面，一面雙手挖掘，跟平常絕緣的濕地生態近距離接觸；更有人一家大小手牽著手，朝著緩緩落下的夕陽，漫步向前。

此起彼落的歡笑聲不絕於耳，我的眼神卻不斷被岸邊一對父母吸引。

吸引著我的是⋯⋯這對父母正殷殷切切跟一位年約三四歲的小女娃，噢不，應該說是「小太后」對話⋯⋯

「很好玩耶，你看那裡好多哥哥姐姐在玩，妳要不要脫鞋子下去玩玩看？」小太后搖搖頭。

「媽媽也好想玩喔，妳要不要跟媽媽一起去？！」小太后望媽媽一眼，撇開頭。

「又沒有什麼，你看大家都脫掉鞋子了，不是嗎？！」小太后翹嘴手環胸，頭一撇，滿臉不悅，仍舊維持完全不發出聲音。

「快一點，都到這裡了你還不下去⋯⋯」小太后乾脆把手拿起來摀住耳朵，連聽到不聽。

「好不容易才到這裡，不玩我們等一下回家就沒得玩囉～」小太后眼睛直往入口處望，看起來回家對他來說比下去踩踩濕地有吸引力多了。

最末，在爸爸提出：我抱你過去好了！這家人把孩子抱著，略略散步後，待不到三十分鐘，就上岸離開了。

現代的孩子一個比一個「敢於拒絕」、「勇於堅持」。

想帶孩子成長、給與孩子經驗的父母，隨侍在旁，用著無與倫比的耐心、愛心，呵護孩子與尊重孩子的意願

我相信，勇敢「Say No」是非常好的態度，也是許多五六七八年級生，年幼

時一直很渴望擁有的拒絕與被尊重權；等到我們為人父母了，可以帶給孩子選擇了，也以此在親職角色的夢想上，更貼近了一步……。

然而在「Say No」之後，下一代學會了什麼？

「勇於選擇」不該等於「要我承擔？不如留給爸爸媽媽煩惱」吧！

許多孩子發現自己被尊重，一方面欣喜握有權力的快樂；另一方面享受選擇背後的美好結果，但是當結果變糟了之後呢？立刻選擇逃跑嗎？

各位親愛的爸媽，請務必記得選擇權存在的前提是：能夠承擔的能力。像是：上了直排輪，這時間就不能看卡通，孩子就是必須接受，而不能再大吼大叫說要你幫他錄下節目。

就如同宥辰，老師在旁能給的建議都給了，他還是堅持著想用濕腳踩進鞋子裡。那麼，既然他想要照自己的意願作事，身旁的我們評估風險是可以承受的（不危害生命前提下），而後果也是會發生在他身上，那就讓他這麼做。請相信，他不舒服了自然會拿出來，也請相信，那是他不舒服，不是你不舒服。濕濕的踩進去他感覺好玩，對孩子來說，也是種意外的收穫，為什麼人生不能做錯事呢？就讓他做錯看看，他往後才懂得怎麼為自己挑選適當的路。做錯了，孩子下一次在決定前，才可以有經驗與知識來評估自己的承受程度。

所以親愛的爸媽們，請千萬記得：鼓勵探索自然是要的，但開放給孩子選擇與拒絕之前，你必須先清楚孩子擁有承擔的能力，也請你培養讓孩子可以自己承擔的心臟。而在這兩個條件都還不具備之前，與其開放讓孩子選擇，不如你先強勢的要求他必須執行！如果要不要上學這件事，孩子的選擇結果不是他可以承擔，也不是你可以承擔，那就請你以父母的身份告訴他：他就是要上學，因為他是你的小孩。不需要尊重他的意願，就是這麼簡單。

## ──一直說讓孩子承受「自然結果」，難道要我活生生看著孩子，做一些我覺得一點都不恰當的事情嗎？

然後我們準備離開，不過他濕濕的腳塞進濕濕的鞋子裡，像史瑞克的黏液一樣，走了一步左右，他已經很清楚知道這樣是非常難受的，於是他把自己的腳拔起來，然後就說老師你幫我顧鞋子好了。

每每看到孩子試著用自己的方式堅持，最末卻又回到原本旁人建議的方向上，我總止不住滿腹的笑。（請原諒我）

有句閩南話的俗話說：「『扣到有聲』，說的不就是這麼回事嗎？撞到了，知道痛；就幫自己下一次更加小心。

與其花許多力氣說服孩子，把濕濕的腳擦乾再放到鞋子裡；不如「尊重孩子的想法」，讓著急的孩子用他的方式，將濕濕的腳踏入鞋子裡，感受真切的難受。用難受的結果具體與有感的提醒孩子：不要把濕濕的腳放到鞋子裡！

此處的「尊重」，重點是：讓孩子承擔自然結果。

教養的數十年懸案不斷在談的就是：當教養者愈極力拉孩子往東邊走，孩子反抗著拚命想往西邊、南邊甚至北邊走…反正，往哪邊都好，不往東邊走就對了！孩子為了證明自己可以當自己的主人，把權威者的建議放置在「絕對不選」的位置，從剩餘選擇中，再硬生生選擇另一條（自己都知道可能沒有很理想的）路。

但是孩子終究是孩子；他們在世界的經驗值、思考力、判斷力，跟身為教養者的成人比起來，確實存在明確落差。甚至近期的教育方針更不斷往尊重的方向偏移，鼓勵所有與孩子互動的成人，要留意不要傷害孩子幼小且脆弱的心靈。既要讓孩子感受真實壞結果，又要不傷害到孩子的自信…我想，這是許多家長的難為之處。

親愛的各位爸媽，請把責任還給孩子；並且謹慎評估不負責任的壞結果是否會真切的發生在孩子身上。如果答案是對的，那請你不用擔心，孩子絕對不會一直做著不恰當的事，因為他已經痛了，痛了，他自己就會改。如果還不痛，你就等一下，讓他感覺到痛；心疼一下換孩子一輩子的智慧，我想是值得的。

但請讓我們再提醒你一次：如果壞結果根本不會發生在孩子身上，而是會發生在你身上（例如：孩子不寫作業是你被老師罵，不是孩子被老師罵，或是罵了他也不在意），那麼，這就不稱為「自然結果」，請你千萬不要睜著眼睛繼續看下去（問題只會愈來愈大而已），而是要想個辦法，讓壞果是真真切切的打到孩子身上，才不會出現皇帝不急，急死太監的荒唐事。

下一章，容我邀請各位進入更深處的教養之心，探討那些似乎從沒被好好檢驗過，也常見於東方社會的教養觀念。

# 第2章

# 破解天賦的「情緒密碼盒」

## ——教養者必備的EQ知識

## 經濟的悶局，教養的困境

走在台北街頭，雀躍的人群與光鮮的店家，滿路都是光鮮的世界品牌，我們可以看到Zara，Gap，Uniqulo，Crocs，Roots，每一間店的氛圍，都充滿著吸引與滿足，彷彿行走在店與店之間，我們已經站在世界的前端。

是的，這就是屬於我們的台北街頭，我們可以消費到全世界的最佳商品，就在台灣台北。而任何一個新品牌的加入，更是讓我們雀躍不已，我們期待著那更簡便的方式與地點，獲得世界等級的商品與服務。

這一切的美好，當然沒有什麼不對，唯一不對的只是：政府公報的GDP值不斷的滑落，台北的房價比已經高居世界第一，年輕人的薪資相對於物價比，遠低於十幾年前，那麼問題到底出在哪裡？我們的科技與物質看似愈來愈進步，而我們的競爭力卻不斷逐年下滑？我們的孩子生活愈來愈痛苦，且高倍速的上升痛苦指數！

台灣的政府已經意識到了，開始推動創業熱潮，投入了一年六十億以上的資金，大量的鼓勵年輕人創業，或是讓創業團隊裡出現年輕人。為什麼這麼著重年輕人這個特殊的身份？不說出來你可能不知道，因為最新的創投研究發現，目前能夠主宰世界的企業創業者，第一次創業的年齡，奇異的分佈在二十一至二十八歲，而二十一至二十六歲的分佈比例佔據了80%，其餘則佔據了20%。

這是什麼意思呢？意思就是：如果我們，任何一個人，二十一至二十八歲時開始第一次的創業挑戰，依據歷史資料，我們的事業很有機會擠入世界頂尖的窄門，但如果我們是選擇二十九歲、甚至更老之後開始第一次創業，這個事業可能很難有機會跨足世界競爭。

這樣奇特的數字分佈，只是統計上的問題嗎？還是二十一至二十八歲的年輕人，身上有什麼與眾不同，其他年紀很難競爭的特殊能力或狀態呢？

你覺得這只是偶然的分布特徵？還是這個年紀的人有某些不可取代的特殊性？如果是有某些不可取代的特殊性，那又是些什麼？我們的孩子身上，是否也有這種專屬於贏家的特殊神奇特質呢？

你很好奇那特殊的、專屬於贏家的特質到底是什麼嗎？我們想先邀請你把這個想法放在心裡。然後，一起來看看一些關於教養的東方特色。

## 為什麼要栽培我的孩子？

有次閒聊，幾位重視教養的媽媽們，談著為孩子安排的各式課程。

「豪豪媽」說：我現在都幫他選某位大師的英文課，他們的老師教學真的很自然，而且我們家爸爸也希望，孩子從小英文底子要打好。不然現在國際化的社會，長大之後真的很難跟人競爭。

「言言媽」：我們家鋼琴課，雖然一小時就要一千二，但我們覺得從小培養一些音樂興趣和素養，長大之後才能夠有能力為自己調整情緒、抒發什麼的。不然未來的日子如果都沒有一點美感跟創造力，沒有什麼東西可以抒發情緒什麼的，真的是很難想像……現在的孩子，跟我們以前真的不同。有苦說不出，競爭真的太強了～。

說起「媽媽經」，自然是酸甜苦辣。別人家的孩子，每個看起來都這麼可愛，這麼像天使，沒養過真的不知道，晚上不能好好睡覺的崩潰感、下班回家之後沒有一秒鐘是安靜的世界斷裂狀態，講來講去，五味雜陳，誰不是用盡苦心要栽培孩子，讓孩子的未來可以好一點，長大之後比較不用辛苦那麼多！

「孩子的未來可以好一點，長大之後比較不用辛苦那麼多！」這個很不特別的、也或許是讓每個人都理所當然的結論，得到了每個母親的深深認同，那種深，是一種深深深呼吸之後，抽出一大口氣，再深深的、小心的、謹慎的、害怕珍貴的寶物會破碎似的、輕輕小巧的放在心底的那一種深。

而這樣珍貴的、卻又好似不容易實現的願望，講的更簡單一點，就是如果可以，在我的能力範圍裡，我會盡我可能的，不要讓我的孩子「輸在起跑點上」：小時候讓孩子多學一點、多累積一點，偷偷的希望，孩子長大之後，競爭力可能會高一點，至少找工作時，端出來的學歷就是好看那麼一點，因此薪水就是可以比別人高一點，生活自然就比較不用那麼辛苦、可以多那麼輕鬆一點、愜意一點。

天下父母心哪！畢竟孩子身上流著我們的血，等我們前腳走了，他們還在這世界上，代表著某一部份的我們，繼續的活著。孩子才幾歲呢，還沒上學呢，還在肚子裡呢，用心的父親母親們早已經把未來幾十年的開銷都扛在肩頭上了，不能只是養大孩子就好了，還要考慮到養的好，給的夠，學的澈。不只是小時候底子打好而已，這段養育過程要鋪路鋪到二、三十年之後，這一切得等到孩子有了好工作、有了好婚姻、養了好子女，我們的父親母親們，才敢輕輕的淡淡的閉上眼睛，相信自己沒有白來這世界一趟，才敢手那麼一鬆阿，走向生命的歸結與起始的死亡。

是的，這就是父母們的愛，極盡用心與真摯，這是我們東方父母的愛，一種盡其可能設法的鋪天蓋地保護，儘管犧牲自己，也要更大的蔓延自己的資源與能力，為孩子搭船造橋，儘管自己血淚交加，也要為孩子擋風遮雨。

這樣的愛，代表著一種犧牲、一種保護，而在這樣的犧牲與保護之下，我們清澈的看見了父母的偉大，一種能量的傳動，一種為了子代，而奮不顧身的情操，但是，這樣的愛卻也讓我們的世界與孩子，在一代一代幾百年的演化之後，遠遠的落後了地球那另一頭的世界幾十年，為什麼呢？

## ——愛是一種支持、一種情感。不該是一種背負！

孩子是一個主體，他有屬於他的創造、思考與動能，孩子藉著我們的身體與基因來到這個世界上，但是孩子終將成為他自己，有他自己的思考、脈絡與未來。而這是怎麼回事呢？我們的父母認為自己必須為孩子負責，包括為孩子的未來一輩子負責？因為孩子永遠都是孩子，儘管孩子已經四十不惑，站在我們面前，我們仍然可以看見他那赤裸嬰孩的樣貌，是這樣嗎？我們用阿茲海莫症患者的記憶特徵來看待我們的成年子女，對我們的世界與我們的孩子，真的好嗎？

## 『孩子，我希望你過的比我好。』

這應該是我們很常聽到的一句父母感言。也在這樣的一句話裡，傳遞了多少父母無止盡的愛與責任。然而也因為這樣的一個普世期待，我們的父母企圖安排孩子的所有未來，我們用心教養、用心安排、我們設置了所有學習的時間、休息的時間、歡笑的時間、以及未來安排工作的時間、工作的計畫、約會的時間、結婚的時間、就業、購屋、生育等所有的成人權限與自由。在我們的社會裡，父母幾乎無所不在（尤其是擁有資源的父母）。而這樣的一個期待，對我們的孩子，究竟是產生了正向的影響，還是負向的影響？！

在討論這個問題之前，我們來看看下頁的兩幅圖：

Designed by Javi_indy / Freepik

孩子，我希望你比我好！

Designed by Photoduet / Freepik

孩子，我希望你比我強！

這是兩個完全不同的場景，但東方父母普遍都在執行右圖意義，而左圖意義才會是具有生存競爭力的教養概念。

以演化的觀點來看，母代應該期望子代的能力更好，因為這表示子代將擁有更佳的競爭力，可以更有能力並更有效的將基因傳遞下去。

但可怕的事實是：東方的父母普遍不希望孩子的能力比自己更好，因為我們不喜歡孩子頂嘴、不喜歡孩子唱反調，不喜歡孩子有自己的想法，與我們的意見不同，或是看待事情的角度和我們不一樣，因為這就是叛逆、這就是忤逆、這就是不孝。這在東方人非常重視的概念：「孝順」裡，直接的表示出清楚的概念。

但是就如同你跟我與所有人都知道的，愈加接近生命尾聲的人，愈傾向於保守與穩定，身體本質上的衰弱帶動心理本質上的安養天年，拒絕再冒險或是違反社會既有的道德、秩序、規則，而這樣的心理現象若是再加上現在醫學發達，延長壽命至每個人幾乎擁有九十歲的壽命與頭腦，顯然老人們的人脈、資源、控制力等決定權將會更大幅度的影響年輕人的動能，而絕大多數的影響將發生在保護與限制上。畢竟對一個已經看過世界風風雨雨、風霜歷盡的人，與其讓他看到孩子因為任何冒險而有什麼差錯，不如讓他看見孩子好好的發呆著、坐著、活著。這非常合理的會是許多即將步入死亡者的深切渴望：珍惜並深切感受我目前所擁有的，並透過這些讓我感覺到我的重要，以降低我對邁入死亡的恐懼。

一代一代累積下來，不小心我們的父母信念便演變成：孩子，我希望你過的比我好。因為這個概念將會讓子代進入最低風險的生存競爭，也最大幅度的滿足長者的生存渴望。

因此母代會儘可能的蒐集資源、保護孩子，儘可能的用自己的資源為孩子準備與張羅，希望孩子可以活在一個相對於自己更無憂無慮的環境。這就是我們普遍東方父母愛的表現，也落實在我們的父母看到孩子的第一刻，說的那句：孩子，我希望你快快樂樂無憂無慮的長大，這樣就好。

因此我們的公園是這樣的。

我們的孩子是這樣學習的。

我們是這樣陪伴孩子的。

這樣的安排，無疑的都訴說著一件事：我們希望孩子安全。健康快樂的長大。簡單說就是好好的活著，其他事什麼都不用管，你讓我感覺到你有在我身邊呼吸、跑跑跳跳就是最重要的事。

我們看看國外的公園。

這是他們對待孩子的距離。

這是他們帶著孩子前往的地方。

是的，我們的教養的一大盲點，就是我們的終點根本就是錯誤的死路一條。為孩子布置了所有的安全，不表示孩子可以面對與掌握危險，而如果我們期待，最後的一切可以如我們所願的發生：我們先離開孩子而過世，而孩子將會更好的在世界上開花結果。我們就必須知道，把能力交到孩子的手上，讓孩子自己有辦法辨識危險、面對危險與解決危險，將會是最重要也最有效的方式。

而要真實的貫徹出這樣的方式，我們就必須放手讓孩子碰觸危險、讓孩子自己去思考、自己去犯錯、自己去解決問題。而不是為了孩子的安全從頭看護到腳，為了避免孩子走冤枉路，而在事情一開始就告訴孩子結尾，告訴孩子最正確的方式，以及為孩子安排所有的『安全而愉快的一切』。

因為這樣的結果是：我們將教養出一個「順從」，被規則保護、綑綁，無法看出空乏與創造出未知事物的孩子。是的，我們已經這樣做了幾百年，我們當然還是可以繼續這樣做，問題是，如果這幾百年的代價是所有的世界命脈掌握在別人手上，科技日新月異，每一秒鐘都可能發生什麼顛覆過去的知識，並在下一秒鐘傳遍全世界。在競爭白熱的全球扁平世界，繼續保持安穩、保守而無憂生死的教養法，真的是我們該繼續貫徹的嗎？

而若我們希望孩子可以走到真真正正比我們強的時刻，請理解，他一定不能持續走在我們所規劃的跑道上。

因為事實是：我們無法規劃超出我們眼界的東西。若孩子不斷的走在我們所安心的路線上，這一切我們都很熟悉、我們都很瞭解，我們都可以掌握孩子的安全，並且「給得起孩子建議」，請了解，當你還「給得起孩子建議」這一刻存在時，就同步表示我們比孩子還高大茁壯。而我們不斷提供學習、刺激給孩子，卻發現我們仍然還是站在孩子上方時，便也是我們教養需要檢討的時刻。因為此刻，子代仍然弱於母代，這是絕對不該發生的未來。

## ——符合價值與創造價值

「孩子的未來可以好一點，長大之後比較不用辛苦那麼多！」

是的，「好一點」等於「不要辛苦那麼多」。因此學歷好一點，等於薪資可以高一點，也等同於未來可以輕鬆一點。

薪資，就是領的，領的再怎麼高，都是被動者的角色。既然我們已經這麼用心要栽培孩子了，為什麼不企圖心大一點，直接栽培孩子成為獵人，而不是讓孩子成為大號一點的獵物。

我們重視安全，或許與幾千年來的死亡恐懼有非常大的關連，因為封建時代之下，無論事情有沒有道裡，如果我們惹怒了當權者，可能便立刻被剝奪了生存的機會，幾千年來，我們的種族在死亡恐懼的宰制下，學會生存，也學會積極的偽裝自己。但很顯然的，當定位在現在這個時間點，我們可以知道，死亡恐懼抹掉了我們太多的機會、太多的可能、以及能夠在世界裡競爭、立足的基調。

面對這樣的恐懼與安全需求，我們的父母傾向讓孩子選擇高薪的就業方式勝過於創業與創造，因為後者太艱辛太苦了；我們傾向讓孩子走安全而愉快的路，因為這樣感覺起來比較輕鬆、比較圓滿？！是這樣嗎？

辛苦等於不好？

輕鬆等於好？

我們一起來看看下頁的這首詩。

你感覺到了嗎？這世界除了身體的放鬆與滿足，還有新鮮、還有冒險，還有挑戰未知、超越困難的成就。為孩子安排一條輕鬆的路，不等於給孩子最好的人生。超越與創造價值的成就感，有時候才是支撐一個人之所以為人的最關鍵點。這樣的話，聽起來像是一種感慨或號召，但可惜的是，在現在與未來的社會演變裡，這可能將成為唯一的事實。為什麼呢？

因為未來的社會：機械、技術甚至是人工智能，將不斷的創造更快、更有效的產品與服務，讓所有人可以更便利的生活，而當我們栽培的孩子，缺乏創造力、思考力，過度在意危險而缺乏膽識，不敢找出世界那尚無人注意的縫隙並勇敢挑戰時，孩子將剩下什麼呢？

只能接替那可有可無的機械運轉瞬間，或是複製某些簡單但短暫的此時機械無法複製人力，但這些可有可無，都預告著孩子將隨時被替換、被宰制，失去談判權與選擇權，這樣只有眼前十米的路，是非常可怕的未來！

Robert Frost (1874–1963).
Mountain Interval. 1920.

## The Road Not Taken／沒人走過的路

---

TWO roads diverged in a yellow wood,
And sorry I could not travel both
And be one traveler, long I stood
And looked down one as far as I could
To where it bent in the undergrowth;

Then took the other, as just as fair,
And having perhaps the better claim,
Because it was grassy and wanted wear;
Though as for that the passing there
Had worn them really about the same,

And both that morning equally lay
In leaves no step had trodden black.
Oh, I kept the first for another day!
Yet knowing how way leads on to way,
I doubted if I should ever come back.
I shall be telling this with a sigh
Somewhere ages and ages hence:
Two roads diverged in a wood, and I—
I took the one less traveled by,
And that has made all the difference.

我矗立金黃落葉滿鋪的樹林中，
眼前兩條小徑蜿蜒，
可惜我不能同時涉足；
我站立良久，形影孤獨，
我將視線順著其中一條，遠遠眺望，
直到小徑鑽入灌木叢中。
然後選了另外一條，它同樣美麗宜人；
因為沿路草長及膝，似乎等待旅人踐踏，
使我的選擇，或許有了更好的理由。
儘管往來的足跡，
其實對兩者的磨損程度相當。
清晨新落的葉子，覆蓋了小徑，
腳下不曾被旅人步伐染污的落葉，
我踏上旅途。
噢！就把平坦的那條留待下一次吧！
然而一個旅程會導向另一個旅程，
這個道理我明白，
也不禁令我懷疑可有機會舊地重遊。
多年、多年以後的某個時刻，
我將寬慰地吐著氣，述說這段經歷：
在金黃落葉滿鋪的樹林中，
眼前兩條小徑蜿蜒，而我……
我踏上乏人問津的那條，
也展開了截然不同的人生。

## ——最有效率的學習（沒有犯錯），是最無效的學習

我們的父母，很重視學習。孩子學了多少？學到了什麼？多久學會的？是的，簡單來說就是學習的效率，因此三年的課可以在一年內教完，留下兩年再教孩子新的東西，這個學校是好學校，這個老師是好老師。但如果隔壁的阿強可以花十分鐘背完「九九乘法」，但我們家的這位現在還蹲在門口玩螞蟻，這就「夭瘦」了～這千千萬萬不行，太可怕了，這完全趕不上人家了！這怎麼可以？

趕！

對，就是趕。我們看待孩子的時程，好像有個標準的時間表，什麼時候該做什麼事，比別人快就是好，比別人慢可就完蛋了。因此我們願意花最多的金錢與資源，為孩子尋找最好的老師，為孩子教導最正確的答案。游泳最好要學游過第一名的，數學也要找考過一名的，作文也得是比賽過第一名的，我們的孩子，努力學習最好的、最正確的解決問題方式，因為這些東西可以讓孩子在最短的時間，表現出最多最好的結果，可以在學習領域範圍，獲得最多的反映與展現，最快且最有效的填滿「正確」的空格。

是的，我們的菁英總是可以最快最有效的掌握到「最正確」的答案與方式，最快最有效的解決這個世界上已經發生過，且被記載如何解決方法的問題。但是，真實世界的人生，沒有標準答案。沒有一個正確的時間、正確的地點，孩子只要前往這個地方，進行最正確的反應，孩子就能獲得最好的結果。

我們訓練最資優的孩子成為最好的反應者，問題是我們的人生沒有標準答案，因此這些孩子，他的未來在「刺激—反應—刺激—反應」的循環中，是不能失利的，研究告訴我們，這樣被安排往順遂人生路走的孩子，只要一遇上挫折，發現標準答案失效了，孩子（可能此時已經是成人）可能也會因此跌落谷底，一落千丈。而此時，爬不爬的起來，又是另一回事了……。（參見下頁「Marcia 自我認同狀態理論」）。

為什麼呢？因為這樣的孩子，從來沒有學習過經驗混沌、迷茫，並試著在黑暗裡獨自摸索，試圖自己釐清方向並自己尋找解答的過程，這樣的「試誤學習」（Trial and Error），其實相對於具有正確性的知識學習，是相對更重要的。但是要讓孩子自己摸索問題並經歷錯誤，就一定會浪費時間，可能我們已經很清楚知道杯子就在桌上，但孩子還在大哭的說著找不到杯子，看著孩子一把眼淚一把

簡述 IDENTITY STATUS THEORY (MARCIA,1991)

| | | |
|---|---|---|
| 已確定方向 | 認同早閉：<br>順著父母的安排而成為的認同，可能可以藉著這樣的安排而真的很有什麼樣子，但缺點是無法遭遇挫敗或危機，必須一路順遂，否則可能將掉入下層 | 認同成功：<br>一種經過清醒而自由的探索後為自己選擇的自我認同堅實狀態，這時候的個體是一種能夠抗壓的，能夠堅持不懈的，以及能夠不斷努力解決困境的 . 也就是我們在教養上所最期待的，孩子能夠獨立自主在這個世界裡展現的樣貌 . 知道自己應該在這個世界的哪個位子鑲嵌並投注努力 |
| 未確定方向 | 認同混亂：<br>無任何目標，無任何方向，無任何進展，一種混亂的狀態，缺乏人生方向，對社會宗教他人皆不關心 | 認同延遲：<br>開始嘗試也開始檢驗與確認自己與世界的狀態，並開始準備做選擇，但尚未選擇 . 此時正在努力了解自我，處於認同危機中 |
| | 未進行自我探索 | 有進行自我探索 |

Marcia 在 1991 年提出的自我認同理論，清楚點出未經過探索而已決定努力方向的孩子，所可能遭遇到的可怕問題：你必須確保他真的可以一路順遂，否則他將在遭遇困境的那一個當口，不管他當時已是幾歲，陷入完全無法產出，無任何方向的自我認同黑洞！而那個時候，孩子是否有這樣的機遇再被順遂的安排一次？或是有這個勇氣開始進行自我探索，有這個機緣能夠走出認同危機而最終來到認同成功的位子呢？

鼻涕的崩潰、聲嘶力竭，最快的方法自然是直接把杯子拿給孩子，或是永遠幫孩子準備杯子，但這個最有效率的方式，永遠都無法讓孩子學會，該如何讓自己在混沌狀態中，試著保持冷靜、評估現狀並努力解決問題。而上述這個歷程，將是生命中總是躲不過的許許多多重要時刻。

曾經有朋友說了個這樣的故事：

他的表哥是某地區最有名的外科醫生，但是總是與太太劇烈爭執，甚至高度情緒下就開始揍老婆，揍到老婆內出血，再來到他的手術室讓他開刀。反正表哥的技術是一流的，總是可以化險為夷。

一個最有名的外科醫生，自然是我們公認的菁英，想來曾是最優秀的孩子，經歷過最好的栽培。但是，我們最菁英的人，在遭遇到沒有正確答案的問題（親密關係、人際相處）時，卻使用了最破壞性的方式，徹徹底底傷害了最愛他的人，也撕毀了目睹這一切，並感受到更深痛苦的他的孩子。

## 只追求正確答案的學習，真的是我們需要的嗎？

## ——希望你的孩子尊重你，先從尊重你的另一半開始

尊重，這兩個很常聽到，卻不是很明白意思的字詞，到底跟教養有什麼關係呢？跟我一起到街上走走吧！

你有看到左邊那個帶著四歲小妹妹的年輕媽媽，身上正背著妹妹的小包包嗎？還有右邊這位剛走出童裝店的爸爸，他的三歲孩子正在吆喝著：快幫我穿鞋子！

還有這位在餐館吃飯的小弟，他的媽媽正在告訴他：「後，你看爸爸都不吃這個香菇，我們一起嘲笑他：哈哈哈！哈哈哈！」

以及這位在便利商店死活要買糖果的妹妹，這麼用力的踩地板，那種彈簧腿不去學踢踏舞實在太可惜了，除非你買給她，否則她不會停止的……。

是的，這種狀況我們都感覺不被尊重，那怎樣是尊重人呢？

「傾聽對方的聲音，瞭解對方的感受，給予對方屬於他的責任，也將他所期待合理被對待的方式，對待予他。」

社會心理學裡，有一個很有趣的社會模仿實驗。研究者讓三群幼兒園的孩子看一段影片，片中有一個大娃娃，然後一群小孩衝過去踢這個大娃娃，第一組孩子看的影片是：踢完娃娃孩子們得到了一顆糖果，第二組的影片則是踢完什麼事都沒發生，第三組影片則是踢完每個人都被打了一下屁股。

猜猜這三組孩子看完影片之後，若看到了一模一樣的大娃娃，哪一組孩子往死裡的打娃娃？哪一組孩子最不想動娃娃一根汗毛？

是的，你的直覺與研究結果一模一樣。第一組孩子瘋狂打娃娃，而第三組孩子最不想要打娃娃，為什麼？因為第一組的孩子藉著影片中的線索，假設了打娃娃會得到糖果，而第三組影片則是告訴孩子們，千萬別動娃娃，小心皮肉痛。

那麼，我們的孩子，又會在哪些線索裡去觀察自己該作些什麼事？哪些事會皮肉痛，哪些事有糖果吃？

是的，如你所想，那就是日常生活中的每一分每一秒，爸爸怎樣對待媽媽？媽媽怎樣對待奶奶？奶奶怎樣對待爺爺？爺爺又怎麼對待爸爸？在我們的生活中，我們對誰表現出不可違抗？又對誰鞠躬哈腰？對誰是大眼瞪小眼？又對誰是呼來喚去？孩子全部都看在眼底。

在他與這些人互動之前，這些他看過的影像紀錄，就儲存在他的小腦袋瓜裡，讓他準備與這些人互動時，心裡有點底，而這些權利的運作，誰的感受可以最不用在乎？對誰說話應該最大聲？誰最有權利，又應該怎樣對待？誰在痛苦？又是怎樣無能為力？誰在堅強，又在抵抗著什麼？這些人際間的交織，也記錄在孩子的資料庫中，幫助他知道應該怎樣與人互動？什麼時候要放肆？什麼時候又該亦步亦趨？

你記得這一首歌嗎？「賣歌阿捏怕吻媽媽（別再這樣打我媽媽（台語））」。是的，大家都知道流行音樂才子周杰倫的母親曾經是個受暴婦女，在父親過世之後，偉大的母親含辛茹苦的撫養並栽培兒子，因此今天流行樂壇才有這位「特色獨具」的創作才子。這一切都很好，但我想問的問題是：如果周杰倫的父親沒有因故過世，母親在持續被家暴的狀況下，今天還有周杰倫嗎？

這個答案因為具有極高的假設性，相信誰都不敢回答出答案。但是在這邊，請讓我們提醒你：當我們對婦女的約束與剝奪愈高，我們的母親就會愈不快樂。這個道理應該非常清楚明瞭。而下一個命題是：當主要照顧者都無法快樂時，一個不快樂的媽媽有可能教養出快樂的孩子嗎？一個不自在的媽媽有可能教出自在的孩子嗎？一個被束縛的母親有可能教出敢闖蕩世界的孩子嗎？（上方的母親可以換成家裡的任何一個弱勢主要照顧者）

是的，多一點寬恕、包容與尊重，讓每個人可以得到他的自由、權利以及責任，不管是對孩子或是對哪一個成人，對我們自己，都是有幫助的。做到這件事，不只是可以包容異己而已，還可以創造出前所未有的未來。為什麼呢？

你的腦子裡還有那些爺爺對著誰吆喝的身影嗎？那時候你躲在哪裡？或是誰對誰不公平對待的樣子，那些故事，那個被傷害的人，剛好是你所親愛的人，而你感覺到那麼的無能為力。是的，這些風風雨雨中，總是會有一個堅強的人，默默的承擔起這一切，然後慢慢的我們長大了、獨立了。一切彷彿雨過天晴了。但是，你心裡很清楚的知道，有些恐懼，或是憎恨，它們刻在你心底深深藏的那塊石板下，你想忘掉它們，卻總發現在一些人生的轉彎口，在一些眾多紛擾的黑白混沌選擇裡，它們跳出來左右了你的決定。

這樣的情緒課題，對這些看過親人被剝奪、而慢慢長大的孩子，究竟身上被打上了多少脫不開的腳銬手鐐？這些枷鎖，又是怎樣的有形的、無形的束縛著我們的翅膀、掐陷著我們的生命，我們的思想與所有的能力呢？

時代愈來愈進步，但我們還是很清楚的知道：社會的整體期待與假設，女性仍舊是被視為操持家務與教養子女的關鍵角色。甚至有許多如下頁圖這類教養書籍

這張書封照片純粹是舉例表示社會文化上對「母親應當擅長教養」的高度期待，與該書內容無涉。

或理論，清楚的點出：沒有女性的犧牲，就不會養出好的孩子。事實是這樣嗎？當女人為了子女犧牲奉獻，在痛苦中咬牙忍受，就會養出比較有能力、比較有成就、比較幸福的孩子？這些孩子親眼看著所愛的人犧牲、痛苦，他們的生命會比較有活力與創造力？有可能嗎？

事實上，研究已經清楚顯示：教養孩子的關鍵，是主要照顧者的愛、人格穩定度與適量關注的能力，這些能力與性別完全沒有關係。

而現在，你不會相信還有多少笛飛兒的媽媽，告訴我們他家的爸爸事實上根本不管事，每天回家就是作自己的事（包括看電視），而母親必須同時兼顧工作、家務以及育兒，包括不只養大孩子，還要養好孩子。而當孩子表現的不如預期或期待時，這些母親又承受了多少關注與壓力，無法傾訴與尋求幫助，因為母職是天命，這樣的一個非理性信念與訴求，扣著每個母親的頭頸，彷彿是解不開的金箍咒。而當孩子發生問題時，只有一個可能，就是：這個母親不夠盡責、不夠努力，是這樣的嗎？

就以我們的機構來說目前前往笛飛兒的家長已經是台灣都會區高度關注教養的族群，如果還有這樣的育兒不對等狀態，事實上我們就不該繼續閉上眼睛彷彿沒看到問題，問題就不存在似的。一個痛苦的母親，養不出自在的孩子。性別平權不只是代表著對另一個性別的尊重，而是代表著我們對整個未來子代的尊重與愛護。

笛飛兒課堂中曾經有過這樣一個孩子：小學一年級的他，對母親的態度像使喚婢女一樣極不客氣，坐在教室裡的位置絕對離其他女生同學遠遠的，彷彿靠近女生會得到傳染病一樣，分組也絕對不會找女生同組，要是被老師強迫必須與女生同組，立刻像發瘋一樣的鬼吼鬼叫，彷彿這一刻他不竭盡全力的抗拒，下一秒鐘他就會落入十八層地獄。帶著他討論的過程中，那孩子會這樣說：

女生這麼白癡，我才不要跟女生同組！

女生都很笨！

女生都要聽男生的話，所以你現在要聽我的話！

我現在要出去，我跟你說（命令口吻），你要聽我的話！

你不聽我的話，我就叫我爸來揍你！

是的，在二十一世紀的今天，還有小一的男孩如此身陷性別偏見的毒坑裡，儘管他已經親眼見過無數次其他的女生如何表現的亮眼，甚至遠高於他的表現水準，他仍舊無法打開自己腦中的刻板黑牆，在他的世界裡，他看不見真實，只看的到自己的意念所投射的影子。試想一下，這個孩子一味的認為只要自己擁有某種性器官，他就立刻強過這世界上一半的人口，當一個人（無論是成人或孩子）有這樣思考的時候，請問他有能力跟這個世界競爭嗎？（請注意將有另一半人口完全擁有與他相同的性器官。）

而這樣思維的左右下，這個孩子有辦法客觀的理解這個世界上真實競爭力的差異，有辦法聽的進去母親給他的生活忠告嗎？

是的，完全沒有。也因此這個孩子在帶著這樣思維的時候，他的各式學習、表現、態度，包括課業以及禮儀、人際關係等，事實上都是非常差強人意的。他沒有人緣，沒有學習，沒有能力可以作任何表現，除了逞強與鄙視女生。

因此，我們告訴了這個孩子一個故事：

現在，有一隻男生的老虎要吃你，他說：過來，我要吃你。而旁邊有一個女生的老阿媽告訴你：小朋友，快跑，我保護你，你快跑。請問你要聽誰的話？

那孩子愣住了，他沒有辦法回答。他以前所有的正確知識在這麼簡單的問題下，他可以卡住超過三分鐘，足足可以被老虎撕裂吞進肚子裡的三分鐘。

當然，三分鐘之後，孩子決定要改變他看待女生的態度了。因為他無法確定，未來會救他一命的人，到底會是什麼性別！

試想：一個性別平等的國家有二十萬個成人，就有二十萬個頭腦嘗試解決問題。但一個性別歧視的社會不但自己先砍掉一半性別的腦袋，若再使用階級制，向上揣摩思維的結果，是只有一顆頭腦在解決問題，這樣能有競爭力嗎？

尊重我們身邊的所有人，就像愛護我們的每個孩子一樣。多一個人是自信自在的，我們的社會就多一顆頭腦可以創造價值，多一個人自在的呼吸，我們的孩子就多一份深層能量。只要我們試著尊重身邊的每一個人，我們的孩子身上的枷鎖就少一點，競爭力就強一點！

## ——尊重，是不隨意讓我們的情緒，影響別人的行為

你認識《基督山恩仇記》、《小婦人》或是《紅樓夢》或《西廂記》嗎？是的，說到這些字詞，會有許多人露出茫然的眼神，然後大家就可以一起換個話題了。但如果要說誰不知道愛迪生？萊特兄弟？這可不得了了，彷彿你是剛從山洞裡走出來的原始人，還有猴子鬃毛似的，連幼兒園的孩子都可以指著你，然後笑倒在路邊。

這些對世界上經典成功者的崇拜，包括比爾蓋茲或是賈伯斯，顯示出我們對孩子未來的期待。期待著孩子未來可以對社會有所貢獻，可以開創出美好的天空，可不可以剛好有這麼一天，有沒有這個可能，下一個愛迪生、愛因斯坦、賈伯斯是不是可以剛剛好的出現在我家？！是的，我們沒有人敢說出這樣的話，因為這種期待太高不可攀，太可能會被笑話，但事實上，誰的心裡不這樣的偷偷想著，期待著哪一天，可不可以，那麼剛好的樂透中在我家。孩子的出人頭地，真是對我們當父母的最大滿足了！是的，我們期待孩子能夠有能力、有成就，有沒有可能未來剛好可以開創出一片天，這是我們的共同想望，但是我們的行為呢？

想像一下若這是你的孩子：

他十六歲了，每天告訴你他不想去上學，三不五時學校打電話告訴你孩子又蹺課了，你光是接老師的電話，就快要得到憂鬱症。好不容易軟硬兼施每天拜訪學校，終於把高中上完了，你還沒鬆一口氣，你的孩子已經告訴你他不打算上學了*。每天，他都在他的房間搞上一整天，你打開房間門，裡頭亂七八糟，不時還冒出一些詭異的噁心氣味，他幾乎三天洗一次澡，食物也拿到房間裡亂吃一通，十次有九次吃的都是些亂七八糟的垃圾食物，房間裡一大堆古怪東西、沒有一個感覺應該是放在家裡的，你還沒嚇死你已經覺得自己心臟很大顆，但是這些絕對不能讓什麼個親戚朋友看見。

你問他到底在幹什麼？他開始跟你說一些你根本聽不懂的話，什麼類比……什麼歐……你覺得他正在浪費他的生命與健康，而且更重要的是，你知道他現在完全沒有走在正確的軌道上……。

* 日本知名管理學家及暢銷書作家大前研一就曾是個反覆拒絕上學的孩子。

在回答我的問題之前，請先把你的右手放在你的心口上方，誠實的聆聽你的心聲。

請問：你可以容許你的孩子這樣過日子幾天？幾週？還是幾年？

你的答案，就等於你同意孩子脫離正常生活軌道，但是企圖與這個世界挑戰、打出這個世界縫隙的時間*。

大家都知道愛迪生是發明大王，擁有這個世界上最多的專利權，他的公司「奇異」是個存活超過百年以上還在經營的公司，這些東西聽起來都很美好，但是你想過愛迪生在他的實驗室裡「廢」了多久嗎？試驗一千六百種材料的失敗，耗費了一個三十一歲的成年人超過一整年，幾乎每天不分日夜的待在實驗室的「空耗」，而這樣只是搞出一個燒了四十五小時就會壞掉的燈泡。直到二十七年後的一九〇六年，才發明出現在的鎢絲燈泡。

是的，我們有多少勇氣來面對我們的孩子空耗？如果幾乎沒有，他們又該怎麼向這個世界挑戰呢？如果我們根本無法容忍自己的孩子不走在正常的軌道上，

＊ 已逝的蘋果執行長賈伯斯也曾有一段不短的荒唐歲月，包括到印度當流浪漢七個月。

當他沒有走在這些正確軌跡時，我們的恐慌、我們的焦躁、我們的罪惡感、我們的著急、憤怒、丟臉各式各樣的情緒，就是不斷的跳出來淹沒過我們的理智，因此我們會一把揪住他，把他丟進公職人員的報考補習班、升大學、考任何證照的補救教育，企圖藉著所有的努力讓我們的孩子重新踏回正軌。這樣的狀態下，有任何孩子可以找到世界的裂縫，並且開始一腳一腳地踹開世界的門，有這種可能嗎？

面對恐慌等各式各樣情緒的能力，不只是在孩子坐在課桌椅之前，老師會因為他的違規行為，開始寫聯絡簿上的紅字時重要，在我們管教孩子時，在我們面對自己的生命時，也同樣重要。

而如果我們要有勇氣來面對這個恐慌，要有足夠的信念相信孩子現在正在挑戰世界，而不是糜糜度日；要能夠相信自己，對孩子最好的未來，絕對不是幫他安排一條人生順遂路，那麼，我們必須改變我們對孩子的教育方式，不再是用那種符合已知成功的樣子，來訓練安排我們的孩子。

我們應該做的，是讓孩子有充沛的思考、堅定的心、能夠管理自己身、心、靈的深層能力，而這些到底是什麼？在這之前，請先讓我告訴你情緒到底是什麼？

## 情緒到底是什麼？

很多人聽到「EQ」教育，就立刻想到情緒管理。是的，字面上的對照確實是這個意思。但是情緒是什麼？

若我們問孩子「情緒是什麼？」時，孩子會說：

情緒是笑。

情緒是開心。

情緒是你臉上的樣子。

這些都是對的，但這些樣子，從哪裡而來？

## 情緒是生存本能

首先，我們想先對大家說明，情緒這種東西，主要來自於大腦的核心處，我們脊椎的正上方，這裡包括杏仁核等邊緣系統，也就是我們的情緒中樞。這個地方呢，非常的有趣，不像一個人的思想中樞前額葉（你摸額頭時的位置），需要等到十六至十八歲時才成熟，才可以表現出如成人一般的水準。

這個情緒中樞，它從我們打一出生，就好好的在那裡了，因此你可以發現一個初生嬰兒的笑、生氣、哭、難過與一個成年人，或是一個行將就木的老年人，是沒有區別的，你完全可以分的出來，並不會有所謂嬰兒的笑與老人的笑，需要經過區辨學習你才會懂。

而這麼一個一出生就好好存在的東西呢，他就架在我們脊椎的正上方，因此，比起遠在天邊還要那麼久才成熟的思考中樞（前額葉），這個情緒中樞可以更快且更有效率的掌控我們的身體，因此一生氣的時候，我們就想打人或罵人（情緒中樞驅使血液流到手或嘴巴）；一難過的時候，我們無法控制的想要哭泣，全身無力，甚至想要把自己塞在角落、棉被或是洞裡；一害怕的時候，我們會全身繃緊，對什麼反應都很敏感，可以像超人一樣的跳開或跑開，或是失控似的尖叫讓我們吸引到其他的幫助者，或是癱軟昏迷到讓加害者分不清你是不是一個需要被留意的對象（上述不同狀況會依據每個人自己的情緒本質自主反應）。這些行動模式，都是我們的基因打一開始就設定在我們的身體裡，不分男女老幼。

那為什麼基因要這麼做呢？為什麼要讓我們一出生就被設定好這些反應模式呢？

因為，情緒是幫助我們存活的重要關鍵。

試想：在原始的蠻荒時代，你要是遇到一頭狼，趕快發瘋的跑開，管你看到的是真狼還是假狼，你活著的機率，會不會比你站在那裡，開始唸出這個狼的品種、身高高度、移動速度、毛色以及他有幾隻尖銳厲牙還要來的高。是的，在原始時代，最快速的情緒驅動可以幫助我們擁有最高的存活率。

因此我們看到能力比我們弱小的，卻侵犯了我們，我們會立刻出現生氣，並因此產生攻擊行為，反擊侵犯者，維護我們的主權。舉個例子：一隻小狗竟然偷吃了你摘的水果，你會趕走他？揍他？還是自己趕快嚇得跑走？我想會嚇的跑走的人應該為數不多。

而能力遠比我們強大的，侵犯了我們的權利（甚至只是快侵犯我們的權利），我們則立刻感覺到害怕、恐慌，並立刻產生保命行為。譬如一隻熊往你走過來，你會趕走他？揍他？還是自己趕快嚇得跑走？這樣的大腦直覺快速區辨、運用情緒立即反應，我們才可以在真實的大自然中，最有效的活下來。這是我們，所有的動物，不論是哪個種族或毛色，幾千年來的演化本能。

那既然情緒是演化本能，還可以幫助我們保住性命，為什麼我們還需要管理它？順著它自然表露不是最好的結果嗎？是的，當你會出現這個問題，我們幾乎可以確定你真的非常認真的在思考以及閱讀這本書。那麼，到底是為什麼呢？

因為在現在這樣以法律與道理互相約束的世界裡，你不再走出門口會遇到一隻要攻擊你的熊，你不再需要一拳給誰下去，來保護你自己。

以暴治暴保護自己的權利或是伸張自己的主權，在現在的社會，只會惹來更多的困擾與麻煩，冤冤相報何時了嘛！因此現代的我們，強調的是更進化的高階智能，一種可以尊重自己、尊重別人，以語言來整合溝通不同的想法、不同的腦袋與不同的立場，一起為整體世界創造更好、更美、更有正向價值的行為結果。

在這樣的整體傾向裡，我們所有以直覺跟隨本能與慾望的行為，都可能會為我們惹上大麻煩。不再有人欣賞誰與雄獅一樣的狂野、凶猛、慘忍，反而會鄙視這些行為是沒有進化的原始野蠻。在這樣的新社會形態裡，如何展現理性與兼容情感，處事有條理又拿捏得宜，管理與修煉你的情緒，絕對是生命的關鍵重點。

## 情緒是生活動機

情緒是一個需要被管理的生存本能，就這樣嗎？

讓我們一起來看看這段對話：

媽媽對「小比」說：你成績考這麼差，只有四十五分，你知道這樣爸爸會很難過嗎？

小比大聲回答：哼！我最喜歡爸爸難過了，當他難過的時候，我最高興。

請聰明的你推敲一下，小比將會愈考愈好，還是愈考愈差？

是的，生活中我們被情緒驅使著往前，因此當我們做一件事，產生了快樂的情緒，我們就會希望再進行這件事。

例如：我吃了冰淇淋覺得好開心，因此我反覆想著什麼時候可以再吃冰淇淋？

而當我們進行一件事，卻產生了痛苦的感受，我們就會努力避免，再發生一次這個事情。

例如：走路摔跤時，我覺得好痛苦，因此我努力試著走路不摔跤，讓自己遠離痛苦。

正向情緒讓我們記得這個事物的美好，並且讓我們重複不斷的再進行這個事物。負向情緒讓我們感覺到不悅或痛苦，因此我們會努力讓自己不再重複會導致負向情緒的事件。這是我們所有人類的共通行為法則，更是我們在教養孩子時，最不該忽視的關鍵因素。

為什麼呢？試想，孩子現在疊積木疊不起來，因此孩子哭了。猜猜看孩子現在是什麼感覺呢？可能是痛苦、難過，悲傷或挫敗。是的，那麼，這個情緒會不會讓孩子願意再發生一次這樣的事情呢？

在孩子的世界裡，玩積木的現實變成是這樣的：孩子玩積木時感覺到快樂，對於積木疊起來的樣子，感覺到期待，而積木卻疊不起來，因此這個過程又變成難過、痛苦，因此孩子哭了，他在期待與痛苦中反覆交雜，不知道該怎麼辦才好。而孩子的哭泣，有非常大的可能，會吸引我們（成人或是主要照顧者）來到他的身邊。

此時，若我們用成人的力量介入了孩子的困難，孩子就立刻遠離難受，達成期待，當然也就不哭了。這個過程對成人來說，實在是一樁太划算的買賣，因為一個小動作，我們就交換到了安靜。

但在孩子的世界裡，孩子交換到什麼？學習到什麼呢？是的，令人沮喪的是，孩子不是學到了下次應該要怎麼自己疊積木的技巧（請注意剛才的描述，是成人用短時間疊上去，並沒有教導或是讓孩子嘗試的過程）。孩子立刻學習到的是：這個人可以幫助我遠離壞情緒、獲得好情緒。只要跟著他，一切就不會錯。

是的，這樣的一個小動作，我們立刻交換到安靜與平靜的生活，甚至也偷偷的幻想著：孩子應該也在這個過程中，學習到了自己處理問題的辦法。但殘忍的現實是，孩子只學習到：「哭泣很有用」、「你（那個前往幫助的人）是重要的萬靈丹」。而當孩子認為他生命的品質好壞是掌握在我們手上時，是的，我們開始感覺到自己對孩子而言是如此至關重要：孩子總是無法見不到你，看到你時的欣喜與滿足神色，足夠讓你三天作夢還是帶著甜蜜微笑。

這種緊密的依附感讓我們感覺到滿意與安心，感覺到自己在這個世界上是如此有價值的存在著，彷若重如泰山。當然這樣的感受大概不會超過三個月，三個月之後，我們的生活被嚴重剝奪的程度，絕對足以讓一個溫和且穩重的完整成年人，徹底的失控與感覺崩裂。

而除了生活的崩裂之外，這樣的結果也讓孩子無法成長，因為孩子選擇透過我們來面對這個世界。我們像王子或公主前的英勇騎士一般，一個一個的為他擋掉危難險阻，但是同樣的，人生一道一道的成長關卡，都是由情緒堆疊而成，我們化解這些情緒難題的同時，就等於幫孩子推掉一個又一個的成長關卡。而同時，在孩子身上逐漸建立起的生活概念是：如果我夠聰明，最好不要離爹娘太遙遠。

讓孩子在自己的情緒裡試著自己解決問題吧！陪伴與引導雖然會花上比直接解決問題更多的時間，卻是我們引導孩子成長，將能力交到孩子手中的不二法門。在教養孩子的過程中，愈快速有效的方法，往往等同於愈高的代價阿～

我們該如何面對孩子的情緒時刻，你可以參考以下作法：

1．關心孩子的情緒並同理。
2．引導孩子用語言表達自己的困境。
3．對於困境表達認同與瞭解。
4．鼓勵孩子用不同方法嘗試解決問題
5．若無法執行4，再引導或漸進似的教導孩子解決問題的方法。

## ——心理學家面相術

這是一個心理學研究：心理學家拿各式各樣的情緒樣態、不同個性者的照片，讓受試者評估對照片的喜好程度。然後他們驚奇的發現，混合愈多人的合成照片（例如一百個人混成一個人），人數愈多，受試者愈喜歡這個人的樣子。該研究者對此下一個假設：大家喜歡平均臉孔。因為各式各樣的面孔在我們的腦海裡留下印象，而我們頭腦平均之後，喜歡那些最常出現的部分。

以我們在兒童情緒教育現場多年的經驗，針對這個結論，我會提出另一種新的看法：這些多人混合照，讓大家更加喜歡的原因，不是平均臉孔，而是平均情緒。

為什麼？因為當一個人的臉部肌肉，能夠出現平均的情緒樣態：他曾經生氣過，最後懂得如何恰當的生氣；他曾經壓抑過，最後選擇放過自己；他曾經放縱過，最後決定適可而止；他曾經悲痛過，最後為自己找回歡笑。這些情緒經驗的痕跡，會留在我們的臉部肌肉上，在那些鬆緊繃馳之中，定義出它們的紋路與弧度，也默默的標示出這個人的常態情緒-經常態度-或甚至是個性特徵。

而一個經歷過千瘡百鍊最後還是決定微笑的人，顯示他在各個人生的經歷中，各式情緒的磨難與修煉裡，已經累積出超凡的智慧與見識，因此雖然只是一眼所見的照片，仍舊獲得大眾的欣賞。這個在潛意識裡尚未讓意識清楚感知的訊息，直覺似的告訴我們，這個人值得信賴與依靠。

你覺得這個論點有點太誇張，無法讓人相信？讓我們從下頁展示四位孩子在EQ課程前後照片。（也特別感謝這些孩子的家長們慷允提供照片）

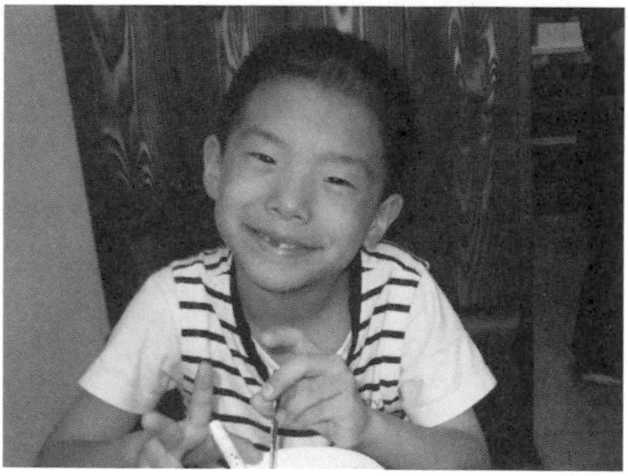

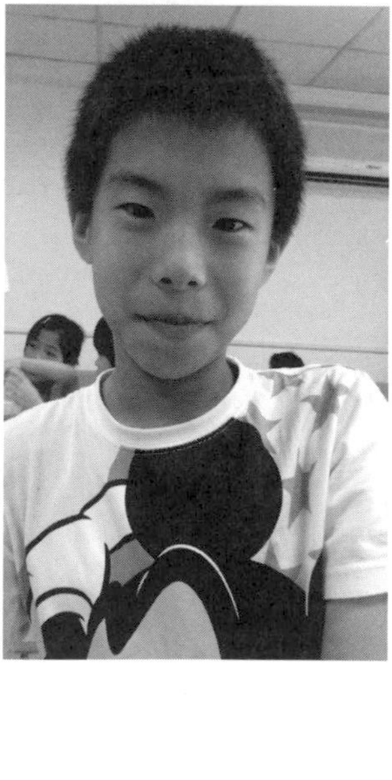

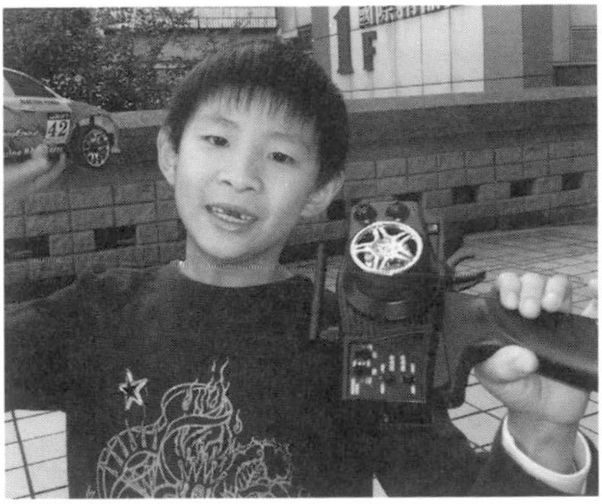
1F
42

Double.8
ORIGINAL
JELLY BEANS

是的，沒有謊言，前面這四組照片左右兩邊的孩子，都是同一個孩子。左邊是剛進來笛飛兒之前（或剛進來時）的模樣，右邊是孩子可以管理自己所經歷的各式情緒的模樣，相信你不用經過專業訓練，也可以很清楚的感覺到你比較喜歡哪一邊照片的孩子，甚至可以直覺的感覺到，哪一邊照片的人，感覺能力比較好，比較可以被信任，甚至好像比較有前途。

心理學家證實面相術是有科學根據的，一個人很常浸泡在某種情緒裡的人，譬如：生氣，臉部肌肉就會很常練習生氣，一段時間之後，他的生氣肌肉自然的比其他肌肉發達，你一看，就會直覺得覺得這個人攻擊性很強，我最好離他遠一點（真的累積很久的人，一般人是可以分辨的）。

因此每個人的慣用情緒，會變成臉部肌肉呈現在你的臉孔上，而使的具有專業訓練的人，可以以此辨識你的個性與命運（或是面相術的部分統計學），而沒有專業訓練的人，也會直覺的：就是想靠近你、或是就是想遠離你，就是想給你機會，或是就是想給你吃閉門羹。說不出理由，但我就是想這麼做，而這個說不出的理由，可能就是情緒喜好的樣態，也就是個性樣態。

這與我們習慣面對被拒絕的直覺反應模式有關，也與我們習慣在遭遇失敗時，身體與臉孔無意識的第一情緒反應有關。我們是習慣遇到生氣事件大吼大叫，還是立刻沉住性子，面對問題並嘗試解決？是習慣遭遇到沮喪難過時，哭喪著臉，倒在家裡喝酒爛醉等著神來給你好消息，還是立刻睜開眼睛瞭解自己的現在狀態與立場，決定要接受困境還是繼續奮戰。

這樣的所有立即性的情緒反應樣態，決定了我們的臉孔，也決定了我們的個性，甚至更直接的，決定了我們的命運。而這也幾乎解釋了我們很常使用的一句話：「個性決定命運」。

換句話說，情緒是一種我們的習慣反應模式，也等同於我們的個性基調。而當有一個人，可以「泰山崩於前而色不沮，麋鹿興於左而目不瞬」。這樣的個性基調，就是所謂的沈穩、沈著、冷靜並值得依靠。

但是要來到這樣的位置，請理解這之前必須做過多少認識自己能力，管好自己能力的努力，或是能夠面對自己的情緒、管好自己的情緒甚或是駕馭自己情緒的訓練。而我們也深深的相信，如果有一天，你知道你的孩子，說出話來是言之有物，遇到困難時是不卑不亢，遭遇失敗時是立刻檢討並重新思考成功的方法與路徑，當你很清楚孩子的個性基調已經是這樣的樣貌時，我相信，無論孩子打算做些什麼事，你都有能力（或是比起其他人更加的有能力）沉住性子、管理你的恐懼與焦躁，閉上眼睛，看看孩子將搞出什麼名堂。而請讓我們提醒你，只有這樣的狀況發生時，孩子才有可能真正的『創造』出什麼現在世界所缺乏的東西，而不再只是成為那一萬零一個專家，反覆的複製出那一千零一種模式。

事實上，如果你已經知道情緒的觸發反應與相對行動，將影響我們每個人如此之深，我們也想要再告訴你，其實所謂的情緒管理，不只是一種對情緒的收、放置、約束與擺放。還是一種對情緒的放、影響，以及調節與轉換的速度。

一個擁有絕佳情緒管理能力的人，不只在上述的悲歡離合事件樣態觸發時，可以更快的產生正向的、積極的努力與反應，還包括這樣的一個人，可以將他積極的、正向的、果決的、堅毅的、勇敢的情緒，不斷的散播出去，感染其他人，甚至號召其他人一起為相同的目標努力與行動，這個層次已經牽涉到我們很重視的領導能力上了。這其實也在透露一個訊息：領導是不用等遺傳，這是可以後天栽培學習的能力。而該怎麼培養孩子這些能力，我們將在後章告訴你！

# 第3章

# 最難信任的一個人

## ——把「孩子的生命還給他自己」的愛

孩子的天才，需要蠢事許可權

「平平靜靜的日子不是很好嗎？到底為什麼不能拿棍子揍小孩？要花時間聽他在那邊唉唉叫叫、哭哭啼啼，煩都煩死了！」

很多家長問我們，以前我們還不是就這樣活過來了，長大了。我們的父親母親也從來沒有教我們什麼是情緒管理啊？怎麼會現在這麼麻煩，養一個孩子不能打、不能罵，還要好好說、用心聽，怎麼才隔個幾十年，家長的地位變的這麼大不如前，還多了這麼多困境與限制。是的，以前的教養法感覺起來確實是挺輕鬆、挺威的，因此我們先來看看以前的教養方式，以及這些教養方式到底會惹出哪些麻煩？

## ——你為什麼要生氣？

首先，大家最能夠心領神會的：不可以生氣，情緒否定法。

相信以下這幾句話現在還是有不少家長會一個不小心的自然而然從嘴巴裡說出來：

「你為什麼要生氣呢？（質疑）」

「生氣有什麼用呢？（挑戰）」
「不可以生氣，生氣會變壞小孩，沒人會喜歡你（告誡）」
「你可以生氣嗎？（否認）」

這些話，相信大家從小人變大人的過程中，沒有聽過五十次，也應該有聽過五次吧！是的，這是很多家庭的教養寶箱中，老少咸宜、居家必備的冷暖皆宜教養寶典之一：否認孩子的情緒，請他自己再把情緒收回去。以不要干擾到別人為原則，而在看不到的地方，你要去搥牆壁還是搥心肝還是搥枕頭，這個我們就無所謂了。但重點是：別把你的情緒影響到我，影響到別人。所以，知道錯了就趕快乖乖把情緒收回去，以和為貴，家和萬事興嘛！為什麼要發脾氣呢？大家快快樂樂的過每一天不好嗎？。現在，我們可以先來看看，到底為什麼否認孩子的情緒，將會出問題？

首先，我希望大家都可以瞭解一個概念。情緒，不管是生氣、開心、高興、難過、興奮、雀躍、憤怒、沮喪、害羞、恐懼、害怕、緊張、吃驚等等等等，上面所列的任何一項，都是沒有所謂「對」與「錯」的，我們可以感覺到哪一些情緒讓我們比較舒服、讓我們感覺比較好，但是並沒有什麼情緒，他是屬於「好」情緒，應該被擁抱與接納，也沒有什麼情緒，它是屬於「壞」情緒，他應該被移除與矯正。為什麼呢？因為所有的情緒，都是由你的心而起的，無形無色無臭無味，那既然都來自於同一個地方，為什麼會有如此大的不同感受？又為什麼會讓人感覺舒服或痛苦呢？

「菩提本無樹，明鏡亦非臺，本來無一物，何處惹塵埃？」

引用這首詩，不是要大家都來一起六根清靜，從此阿彌陀佛、善哉善哉了。而是想要讓大家明白，情緒這種東西，不是來自於發生什麼事，而是來自於你怎麼看待這件事。所以，所有的一切，都是由心裡的那道念而來。

你的心為什麼要起這個念，讓你有情緒呢？佛法出世入世的那一切因緣果報今天就不講了，在心理學與演化學裡的觀點：心為什麼要起念，要讓你感受到五花八門的情緒呢？因為，老天要你學習與感受、你是誰？你在乎什麼？你厭惡什麼？你要如何尊重人，也尊重自己。

這樣，你明白嗎？遇到讓你歡暢的東西，你就感覺到快樂，遇到讓你受挫的東西，你就感覺到痛苦。遇到讓你不滿意的東西，你就感覺到憤怒。在這個過程中，情緒，很自然而然的，在引領我們去探索與認識這個世界，同時也探索與認識我們自己。

因此，當你告訴孩子：「你為什麼要生氣？」、「你可以生氣嗎？」請注意，這句話本身可能真的有效的讓孩子停止生氣了（當然也可能反效果，讓孩子更發狂了！）但是在這個過程中，孩子認識這個世界的過程中，被你伸手阻礙了。當他的布丁被弟弟偷吃掉，你告訴她：「你可以生氣嗎？」、「你為什麼要生氣？」這不僅僅只是否認了孩子的情緒，也否認了孩子感覺自己被侵犯，感覺自己被剝奪的真實。也就是說，很有可能的，當她四十歲時，她的房子被人家偷拐坑搶騙，整間被A走了，她會不知道自己到底要不要生氣？是不是可以生氣，因為他從小就被教導，不應該生氣，不應該當自己的權利被剝奪的時候產生情緒。這樣的代價，想一想，是你期待的嗎？

如果不是，你並不喜歡孩子適應躺在砧板上，任人魚肉的生活，那麼，就請從此不要再說這句話，因為否認孩子的情緒，等同於否認孩子對這個世界的認識，逼他們學習不相信自己的感受、直覺與判斷力，而要相信別人。那麼，你認為有任何人會對孩子做出最好的判斷嗎？除了孩子自己用自己的腦袋思考自己身周邊的生活、環境、變化與角色之外？有人能夠做出比孩子自己為自己感受真實之後、思辨考慮之外，得出一個比孩子自己所能做的更好判斷？？

請注意，答案一定是「不可能，沒有這個人」。儘管你說自己是一個能夠為孩子挖出心臟的父母也不可能。為什麼呢？因為你終究不是他阿？你用你的眼睛、你的大腦、你的年紀、你的背景在你的生活中，怎麼揣摩得出在孩子的變化世界裡，所謂最好的結果？將在外軍令有所不受，只是隔著國境之南的距離，君主就無法做出比將領更好的判斷，更何況是相隔二十、三十歲有大幅世代差異的孩子。

這就是為什麼留金山銀山給孩子，也不如留一個腦子給孩子的最重要原因，也是為什麼猶太人反覆教導孩子，只要你有頭腦，遺失所有的東西都不可怕。

我們再回到一個重點：因為我們再如何努力，都無法為孩子做出最好的判斷。因此，當你不斷的告訴他：「你為什麼要生氣？」、「你為什麼要哭？」注意，這些語句都是在告訴孩子，他的感覺是錯的，而你是對的，他不該相信自己，他該相信你。而這樣的過程日積月累的發生時，你等於在大量剝奪掉你留在孩子身上的天賦資質，請他壓抑與否認自己，然後跟隨另一個人的期待、為別人而活。雖然此時此刻這個人是你，自認為完完整整無條件愛孩子的你，但是當你從他的生命消失時，孩子就會自動的變的能夠思考、分辨與決策了嗎？不，這個答案你很清楚，就是不，而此時，你的孩子必須再為自己找到下一個頭腦主人，讓自己可以再像以往一樣，（自認為）安全無虞的活下去，你確定這樣的結局，是你要的嗎？（或許這也是許多婆媳問題的爭執點，誰在此刻合理應該擁有這個男人的大腦？）

回到剛剛「布丁被弟弟吃掉」而生氣崩潰、無法承受的例子。試想，一個布丁被吃了一口，孩子就感覺到他的天地崩裂了，絕望了，潰堤了，他想要發瘋的哭，或是發狂的揍人。如果老天給我們一個十元布丁的代價，要讓我們學習什麼是天崩地裂，而在世界崩壞時，我們應該怎麼去認識自己，整理情緒、適切表達與解決問題，你覺得這樣的過程不划算嗎？或是你認為因為十元（或是十元裡的一口）需要這樣反應，豈不是太笨？因此你寧願多花十元買一個新布丁給孩子。那麼，你要知道，當你反覆拒絕掉老天給孩子的這個十元布丁學習機會後，下一個你意識到應該要學習的機會，代價可能就需要三百萬了。十元的事件可以學習處理天崩地裂，或是三百萬的事件學習處理天崩地裂，你希望你能夠從哪一件事開始？你現在還認為因為十元而崩潰是極度不值得的事嗎？

讓我們再舉一個罕見、極端但易懂的例子：

某一個下午，笛飛兒教室來了一位高年級孩子「小智」，因為跟朋友玩時太想要某張遊戲王卡，便趁朋友不注意把卡片放進口袋，並且死也不還他。

當老師告知小智：如果不把這件事解決是無法回家的當下，小智便開始天崩地裂的大叫大喊，甚至威脅老師：他要立刻打電話給警察說我們虐待小孩。

此時，在一旁的小智媽媽和阿嬤立刻上前，苦口婆心的勸小智說：「不要這麼大聲、不要發脾氣、你就好好的把遊戲卡還同學就好了呀！……」

過了一會兒，只見小智一臉你們能拿我怎樣的揚起頭，大聲的說：「好呀！那你們給我一千塊買點數（電玩），我就把卡片還他！」

此時媽媽和阿嬤立馬掏出錢包，準備掏錢了事；當然立刻被我們老師攔了下來……

從拿一顆十元的布丁來改變孩子的情緒，到用十千塊的電玩點數來交換孩子的配合，我想你幾乎可以預期，在未來的某一天，在那個已是成人的孩子身上，你還能掏出多少錢，來交換他的好心情？

現在你知道你不應該再否認孩子的情緒了。那我想你立刻會出現的下一個問題是：這可不是真要命嗎？難不成他發飆抓狂我要由他去，從此之後換我成為任他宰割的角色？

當然不是的。情緒沒有對錯，但是情緒的表現方式，就有很多層次。如何恰當的生氣、恰如其份的發怒，不但生氣生的好，還氣的恰如其份，生完氣大家不但解決了問題，還和樂融融，大家更喜歡你了。這就是修練，也是我們可以引導孩子成長的地方。當然在這邊，我也可以很直白的告訴你，在EQ這麼多項能力裡，光是可以練出這一項功力：生氣生完了，不但解決了問題，大家還更加喜歡你了。這個能力練出功力來，走出家門外，孩子不敢說是打遍天下無敵手，但也是數一數二了。

怎麼修練呢？建議你在孩子亂生氣發飆時，可以試著這樣做：

1．同理他的感受：讓他知道你了解他的情緒。

舉例可說：「真的！如果妹妹都沒問過我就把我的布丁給吃了，我一定也會非常非常的生氣！」

但請千萬不要：「他是你妹妹，你有需要對妹妹這麼生氣嗎？媽媽說過幾次了？哥哥要愛護妹妹不是嗎？你現在在愛護他嗎？」

2．詢問他的感覺：

問問看他現在是什麼感覺？為什麼會有這些感覺？剛剛到底發生了什麼事？這邊我要提醒一下，縱使剛剛的衝突你從頭到尾的看到了，也請他再以他的角度說一次。

舉例可說：「那你可以告訴我你現在感覺什麼嗎？」、「發生了什麼事讓你感覺到這麼生氣？」

千萬不要這樣做：「我有沒有叫你先吃完布丁再去拿樂高？那你為什麼還要先去拿樂高，你不要去拿樂高妹妹可以偷吃到你的布丁嗎？」

3．引導他適當的表達自己的情緒：

當他表達為什麼生氣時，可能表達的不是這麼清楚，只能說出「他壞」、「都是他的錯」、「我要揍死他！」，這時你可以引導他說出更完整的情緒句子。

舉例可說：「我覺得很生氣！因為妹妹吃完了自己的布丁，竟然趁我去拿樂高的時候，又偷吃掉我的。我想要揍扁妹妹！」

千萬不要這樣做：「你為什麼要罵人？罵人是對的嗎？你自己要走去拿樂高現在又這樣亂罵人，還這麼兇，你這樣對嗎？」

4．給予讚美與肯定：

當他能完整的說出情緒表達句子時，請你用力的讚美他的行為，並清楚的讓他知道，當他這樣生氣時，你覺得他很棒也更願意跟他一起解決問題！

舉例可說：「哇！你現在知道自己怎麼了，因為什麼事情讓你這麼生氣，媽媽真的覺得你好棒喔！」

千萬不要這樣做：「布丁都被吃掉了，不然你要怎麼辦？不要都講的一副是別人的錯，你自己檢討自己為什麼要那個時候去拿樂高！」

5．最後當然是跟他一起討論解決問題的策略和辦法。

舉例可說：「好，現在妹妹也知道你在生氣什麼，也跟你道歉了。那你怎樣才願意原諒妹妹呢！所以妹妹明天的布丁整顆給你，你就願意原諒嗎？妹妹妳同意嗎？」

千萬不要這樣做：「一個布丁就吵成這樣，你們從明天開始都沒有布丁吃。現在，都給我去寫作業，不要再讓我聽到你們的聲音！」

當然，我也必須老實告訴你，就像是「感冒」兩個字，寫起來都一樣，但是生起病來，每個人的症狀都不同，因此必要的時候，我們就會去找專業的醫生尋求幫助。教養也是一樣的，我們只能夠提供你一般保健良方，但無法告訴你，這一定適用於你與你的孩子。如果你需要，我們也是誠摯的建議你，可以尋求專業的幫助。

## 迴避衝突

以前的人還喜歡怎樣來教養孩子呢？

這句話你一定有聽過：「以和為貴」，或者是「家和萬事興」，如果你不知道這句話是什麼意思，你應該也知道有這個晚間八點檔。是的，一句話可以紅到變成八點檔的連續劇名稱，我們就可以知道，這對我們東方人，是多麼耳熟能詳，有多麼彌足珍貴。

既然這麼珍貴，那為什麼有錯呢？這可是祖先留下來的八世箴言，真該立刻拿毛筆提在床頭給孩子日夜瞻仰，有哪裡不對嗎？

我來告訴你問題出在哪裡？

你曾經跟自己吵架嗎？站在鏡子前面，看著那個肥胖的肚子，一把手捏住那溢出來的小肥肉，然後生氣的對著鏡子裡的自己說：「不是說要減肥嗎？為什麼剛剛又吃了鹽酥雞配啤酒，你以為這樣就會變成千頌伊*嗎？」

當然，上面那句話，你也可以自由發揮，自己填，我相信不是每個人都想要愛上《來自星星的你》。但我的重點是：你都會跟你自己吵架了。那，裝著另一顆腦袋的其他人呢？有可能這麼恰巧都是前世今生的伴侶，還都可以毫無誤差的心電感應嗎？

不可能。

如果你也正好心裡很篤定的說出這幾個字，我可以很清楚的告訴你，你已經明白其中八成的意涵了！是的，當自己都會跟自己吵架了，是要怎麼跟擁有另一個腦袋的人「和氣生財」，相處在一起你來我往如此順暢適切，沒有一點齟齬與爭執，不可能嘛！唯一一個可能發生的方法，就只有：「安靜」、「壓抑」、「讓自己消失」、以及「努力的如他所願」。是的，當我上述的這些條件都發生時，

*「千頌伊」是二〇一三年一齣當紅韓劇《來自星星的你》的劇中女主角，她喜歡吃炸機配啤酒，也因此造成了一場食物風潮。

一切自然就會非常一團和氣了，但是一團和氣就表示會生財嗎？到底是生財還是進棺材，我想先跟你說說一個故事。

有部流行的戲劇：《後宮甄環傳》，是描述清雍正時期，後宮的勾心鬥角，你爭我奪，簡直是慘不忍睹。這部戲結束之後，出現了許多「甄環教你如何升遷」、「甄環教你如何適應職場」之類的文章或書籍，如果你有興趣，歡迎再去查找資料，但這不是今天的重點，我們就直接略過不提。今天我想跟你談的是：你是不是同意，有辦法進中國紫禁城裡的人，恐怕都是當時的中國第一流人才了。臣子要是第一流的臣子、妃子要是第一流的妃子、太監要第一流的太監、婢女也得是第一流的女僕。

那麼，我們把這些第一流的人，統統放在一起之後，發生了什麼事呢？

美國把許多第一流的人，一起放在矽谷，於是他們出現了微軟的比爾蓋茲、蘋果的賈伯斯、惠普、甲古文，哇！各式各樣琳瑯滿目，最第一流的腦袋不斷的在競爭中跳躍出來，創造革新，做了許許多多劃時代的發明與創造，改變了一整個世紀的生活方式，也帶來你跟我現在悠哉的可以坐在桌子前面，喝茶、看書、滑手機、電腦電視都隨意的生活。

想來我們東方人實在是比較聰明的，打從幾百年前我們就懂得要把聰明人放在一起的道裡。所以我們把這些最第一流的人，統統都塞到了紫禁城。

塞是塞在一起了，但是我們的跨時代發明呢？我們的唐詩宋詞元曲有沒有更加精進，更加讓人美不勝收流連忘返呢？似乎是沒有的。看看甄環傳裡告訴了我們什麼？「以和為貴」的最深澈意思就是：「只有一種價值」、「只有一種好」。因為只有一種是最正確的，最好的，所以沒那麼正確的人，就要努力修練讓自己正確。而在整個紫禁城裡，唯一的正確，你認為是太陽升起的方向嗎？很抱歉，你錯了。是坐在龍椅上的這個人的「心情」。他心情好，事情就是對的，心情不好，事情就是錯的。因此，紫禁城裡管他有幾百顆最精華的腦袋，你摸不透椅子上的這一顆，你就是不長眼，不管你是會吟詩、做詞、唱曲、溜冰、製香、刺繡、念佛、哼小調，統統沒用。你要從「和」走到「貴」，你就要把「絕對正確」摸透，一定要一團和氣，這是一定要的。因為如果你不夠和氣，「絕對正確」就會不高興，不高興就不和了，那你就更不可能會「貴」，你只會沒命。

因此，所有的精華腦袋，都努力的變成一個腦袋。有人想要阻止你靠近這個「絕對正確」，你還是得一團和氣的，因為以和為貴嘛！但是甄環傳告訴你了，我們的祖先怎麼做到看著這些看不慣的人，還要跟他一團和氣呢？

就是把他神不知鬼不覺得「幹掉」，當他的腦袋都離開了頭，他怎麼會有意見跟你唱反調呢？對吧！

所以，我們東方人的智慧，就是把所有的菁英都放在一起，最後的目的就是要去蕪存菁，留下最精華的那顆腦袋。這就是以和為貴。為什麼和？因為只有一個想法、一個思考、一個感覺、一個正確，因此大家都一團和氣，而當這一個「絕對正確」心情好了，他就會把好日子賜給你，你也就貴了！而這個貴，到底是你以為的貴，還是碗粿的粿，這就只能讓這個人摸摸自己的心，冷暖自知了！

現在，你瞭解和氣生財的真實道理了嗎？你也明白以和為貴的慘痛代價了嗎？我們把最精華的幾百顆腦袋，去蕪存菁留下一顆。我們能夠跟西方人讓幾百顆腦袋互相吵來吵去，最後發現哪裡對？哪裡錯？哪裡可以更好？哪裡可以再修正？哪裡可以再調整加強。激發大家的思考、能力與潛能，彼此衝突，然後進行良性競爭，沒有所謂的絕對對錯，就看每個人的本事能夠為這個社會與世界提供多少建設性的、被需要的價值，來影響、創造與改變世界，在這樣的愈吵愈有精華出現的文化邏輯背後，我們的去蕪存菁能夠擁有競爭力嗎？

看了《甄環傳》，也看了我上面的解釋，我想你應該可以很明白，以和為貴到底有什麼問題了。而到底是和氣會生財，還是會升天住棺材，這個問題我們也可以好好坐下來想個明白：隱藏衝突，維持表面和諧，真的重要嗎？面子跟裡子，我們要怎麼選？怎麼擔？完全沒有衝突、沒有爭執、一團和氣，真的會讓我們更好嗎？

再說一個曾在我眼前親眼發生的事：

這是一個高年級的衝突協商課程，小朋友要一起做一件簡單任務，但只要中間有一個人有點小錯誤，就會導致集體的失敗。

比賽開始了，「小華」一個不小心沒注意，失敗了。其他孩子真的都是好脾氣呢？大家看看對方的眼睛，說：沒關係啦！再來一次！

於是，比賽再來了一次。又是來到小華，又是幾乎同一個不小心，又失敗了！其他孩子真的都是好脾氣呢？大家看看對方的眼睛，說：沒關係啦！再來一次！

於是，比賽再來了一次。又是來到小華，又是幾乎同一個不小心，又失敗了！其他孩子真的都是好脾氣呢？大家看看對方的眼睛，說：沒關係啦！再來一次！

於是，比賽再來了一次。又是來到小華，又是幾乎同一個不小心，又失敗了！其他孩子真的都是好脾氣呢？大家看看對方的眼睛，說：沒關係啦！再來一次！

你是不是覺得我鬼打牆，怎麼同一段話又出現了這麼多次。我來告訴你，我在現場真的覺得這一切是鬼打牆，一次一次的失敗，一次一次的重複，唯一的差別只有，隨著重複的失敗，每個人的臉上，都多出了一些只有專家才看得出來的情緒。除了這個之外，動作是一樣的，話語是一樣的，失敗也是一樣的，一切真的好和諧、好和諧、好和諧……而你可以猜猜看，這個故事到底會重複多久？

那時我就坐在旁邊看著，看著我們以和為貴的孩子們，可以容忍多久，可以壓抑（忽略）情緒多久？又願意重複失敗多久，知道嗎？十二次！到了第十三次我實在看不下去了，這已經不是歹戲拖棚了，這是跳針再跳針了！

這個故事，荒謬的很清楚：「表面的和諧根本無法解決真實的問題」。如果我們從小教導孩子以和為貴，凡事不爭，就是教孩子忽視問題、迴避衝突，你看得出來這個代價有多大嗎？難道你喜歡過一個跳針跳針跳針，總是在失敗處問題口跳針的人生？

答案絕對是：不。因此，就從我們現在做起，從小教導孩子敢於思考，別再相信任何告訴你絕對正確與單一價值的東西，三百顆腦袋與一顆腦袋的競爭，答案完全可想而知，放棄單一價值、忘記單一智能的成長路線，找出孩子的天賦，勇敢帶著孩子面對情緒、面對衝突。能夠好好的、適切的、處理情緒與處理衝突的人，才能擁有掌握與發揮多元腦袋及能力的鑰匙，別再讓孩子成為迴避衝突與逃離問題的犧牲品。

你可以怎麼引導孩子勇敢衝突呢？我們的建議是：

1．培養孩子思考力。

從最簡單的生活週邊開始思考，像是為什麼天空是藍的？為什麼走路要靠右邊走？為什麼在操場可以跑來跑去？為什麼在走廊和教室就不行？別小看這些思考，他可以幫助孩子活絡他的神經元，讓孩子的思考更加活絡。思考活絡的孩子比較不會被單一刻板的規則所框住，也比較不會被問題或挫敗而限制。

2．鼓勵孩子勇敢表達。

有思考能力但不表達那也是白搭，根本沒有任何產出，只是在思緒裡繞呀繞的，繞不出個所以然來。所以勇敢表達是主動行動的第一個步驟；不過，這邊真的要提醒一下所有的爸爸媽媽；當您的孩子好不容易鼓起勇氣勇敢表達自己時，請不要急著糾正他或告訴他他的想法是錯的。不然任誰都會覺得「那我幹嘛要說，反正說了也是被你反駁」或者認為「反正我怎麼說都說不過你，還是繼續閉嘴好了……。」

那麼，當他勇敢表達時，到底可以說些什麼呢？無論你要說什麼，請記得劈頭先告訴他：「你很勇敢表達你的想法我覺得你很棒！」，然後再接續你想表達的意見。這樣既不抹滅孩子敢表達的意願與能力，又不會因此無法評論或建議，讓孩子以為整個世界都完全應合他的思考與判斷。

3．幫助孩子擁有良好的情緒獨立性。

請讓我在這裡為你介紹一個簡單的新詞彙：「情緒獨立性」。這是什麼意思呢？簡單來說，這指一個人，可以清楚的知道自己的情緒與別人的情緒是互相影響但彼此獨立的，我可以知道那是你的生氣，但不是我的生氣；那是你在難過，我是因為你難過而感覺到難過，但那不是我的難過，我不需要因此而改變我的世界。

為什麼情緒獨立性很重要呢？因為絕大多數的人，都不小心把別人的情緒扛在自己的肩膀上，這句話的意思，再白話簡單一點，就是把別人的人生扛在自己的肩膀上。你說，沉重不沉重？

當孩子擁有良好的情緒獨立性之後，便比較不容易被別人的情緒所控制；不會隨便因為別人的喜怒哀樂，而轉變自己生命的方向。有許多孩子，只要看到旁邊有人皺著眉頭，他就認為自己被討厭了，開始不斷的小心翼翼，提心吊膽，深怕一個不小心，就讓自己跌入一個麻煩坑；而另外一種孩子，當旁邊有人發怒了，他也跟著聞雞起舞，莫名的也開始生氣了，小事變大事，大事變壞事，全世界都跟自己有仇了，一個生氣再惹出第二個生氣，第二個生氣再惹出第三個生氣，簡直比生金蛋的母雞還快，問題愈惹愈大，然後呢？最後該怎麼辦？一塌糊塗難以收拾嗎？還是再希望「某一個王子會騎著白馬過來拯救自己？」（很多童話故事的結尾都是靠「王子來拯救公主」式的幸福快樂結尾，這其實很大量凸顯了：人類總希望有人可以從天而降幫自己從問題中解救而出的渴望，可惜的是：真實世界永遠是「天助自助者」；夢想中的「被拯救渴望」大約都在故事書裡）。

因此，培養孩子能夠勇敢面對衝突，須引導孩子理解每個人都有屬於自己的情緒，能夠清楚分辨你的事是你的事，我的事是我的事，才不至於把所有人的情緒都攪和在一起，然後問題更加混亂不清。

4．澄清孩子理解衝突的真諦。

如同前面所說，沒有衝突就沒有彼此腦力激盪、一起將問題解決的機會。所以不妨告訴孩子衝突的發生不完全是件讓人沮喪的壞事，反而是一種驚喜：「恭喜你又找到了一個問題，準備朝更好的自己邁進」；如此一來，「衝突」這件事在孩子心中，便能更坦然的面對、甚至有不同的角度來迎接它。

5．坦然面對衝突。

坦然的面對衝突，而不是一感覺到衝突、就感覺到被攻擊。這樣一來，孩子才有更多的時間去了解前前後後、完完整整是怎麼一回事；「傾聽與溝通」，就是面對衝突的第一個步驟，透過傾聽了解對方的立場，透過溝通來表達自己的想法；這個過程非常重要，它可以讓別人認識我們的腦袋思維，也幫助我們了解別人的觀點與心思；多傾聽多溝通，幫助孩子擁有更多元的觀點與思考，不容易掉進刻板的框架中。並在這樣正向的傾聽與溝通中，衝突產生的問題點才能更被聚焦。

6．理解衝突的發生是問題的警訊。而最重要的是解決問題。

在傾聽與溝通中找到最根本的問題點後，鼓勵孩子一起動腦思考對兩邊都好的問題解決策略。尋找雙贏，除了考驗孩子的思考能力外，這個過程更明確的讓孩子了解：「衝突是可以開心的一起面對問題、解決問題！並且問題解決之後，我們都變的更快樂了！」

當孩子不斷的練習面對衝突和解決衝突的方法，你知道嗎？孩子所學到的，將不只是吵架的策略與辦法，而是孩子在整個思考面向、情緒面向、人際面向上都一起不斷的向上提升了。這時候的孩子，你將為他的耀眼而感到萬分驚艷。

## ——棍棒處理法的後果

讓我們再回到本章一開始的的主題，以前父母習慣使用的教養方式：棍棒處理法。

相信很多人都曾經有過這樣的經驗，因為發生一件事情：可能是不能吃冰淇淋，可能是心愛的玩具車摔壞了，產生了情緒，開始大哭大叫，突然爸爸（媽媽）提著一根棍子走過來了，「碰！」的一大聲，棍子重擊著桌面，發出好大的一聲響，光是突如其來看到這一棍，你已經驚呆了，然後，爸爸媽媽再吼的那一聲：「你再哭，我就揍到你不哭？」、「你要生氣是嗎？那我就來打到你不生氣？」識時務者為俊傑，是誰都會立刻選擇安靜。誰喜歡這根直徑一公分的棍子，劈在身上的感覺呢！皮肉痛誰都懂得，沒事何必跟自己開玩笑，對吧！！

你也有過這些經驗嗎？回想起來，是不是一切歷歷在目。然後，你（孩子）安靜了，但是，你（孩子）懂得處理情緒的方法了嗎？

曾經有家長這樣跟我提過：老師，阿保可以一個月都不惹麻煩，這就表示他有能力可以管好自己對不對，所以，在一個月又一天時，他又去揍人，他根本就是故意的，欠揍對吧？

這個邏輯聽起來很有道裡，你認為呢？阿保是不是根本可以把自己管理好，卻又去揍人，根本就是故意的、想要被揍，想要給爹娘難看。

講一件可能連你都不相信的事，你知道嗎？連被嚴重家暴的孩子，都會拚命說服自己，我爸拿煙燙我，打到我骨折，都是因為他愛我，他只是一時太生氣而已。連一個被嚴重剝奪的孩子，都如此渴望著自己的父母愛自己，而需要進入非理性的自我說服，你認為哪一個孩子，會渴望看著自己的父母過的難看？（事實上真的會有，但他們也都是從愛出發，經過多層次與複雜的心理扭曲轉折才會變成這樣，這些狀況就不在此處詳談。）

我想告訴你的是：孩子本質上都是愛父母的，而且渴望著父母的愛。我已經遇過太多太多的孩子了，在情緒暴動、揍完人之後，整張臉是靈魂抽離而又滿眼愧疚，他不是對於那個被揍的人感到愧疚，他是對於自己的爸爸媽媽感到愧疚，因為，他早就已經、答應、承諾過自己心愛的父母太多太多次了，對於違背與心愛的人的承諾，一瞬間恢復理智之後，發現自己又辜負了愛自己的人，因此感到愧疚、感到自責，感到不堪，感到對自己憤怒、生氣，但是，怎麼辦呢？情緒來的時候，一瞬間就失去了理智（詳細可閱讀我們之前的著作：《孩子可以做最棒的自己》，遠流出版）。

我在此書跳出來舉這些例子，主要是告訴你：孩子不會想要讓你難看，而故意做這些不討喜的事，他不是投胎來報仇的，你不用擔心。那麼，這時候我們又回到了同一個問題：如果是這樣，為什麼孩子可以控制好自己一個月，卻又在一個月又一天時，突然爆走？難道是：灰姑娘的鬧鐘響了？所有的一切都恢復了原狀？

要理解這個答案，我們就要再回到最前面的故事，棍子「碰！」的一聲，敲擊在桌面上，你已經驚到呆掉了，想著這一棍要是劈在我手上，那我不骨折才怪，一瞬間恐懼襲來，突然間，理智從情緒的包裹裡，跳了出來，你聽到了爸爸（媽媽）怒吼的話語是什麼意思了：「你再哭，我就揍到你不哭？」，如果再繼續順著情緒走，你會死的很慘，理智跳出來打打算盤之後，發現這樣太糟糕了，再鬧下去問題會很大。我還是保持安靜好了。

在這個故事裡，我想很清楚的告訴你。情緒的種類很多，而「恐懼」是一個最生死攸關的情緒，他具有瞬間取代所有情緒的可能。當他出現的那一刻，其他情緒都將在他的身後匍匐，更簡單一點來說，情緒是一種生存的本能機制，而活下去更是生存最簡單的道裡，因此當「恐懼」出現時，表示生存機制受到威脅，其他需要理解的、需要學習的、需要探討的，都只能統統退到一邊，先活下來再說。

因此，在這樣的狀況下，恐懼出現，壓抑了其他的情緒。因為恐懼與現場的狀況，所以你（孩子）選擇安靜了，但是這個安靜表示沒有情緒了嗎？表示問題解決了嗎？不，都沒有，所有的一切都沒有解決，孩子還是不懂得自己剛剛怎麼了？他所在乎的事情是什麼？他所在意的事件該怎麼圓滿的處理？他的狀態是怎麼回事？他之後如果再有這些情緒時，他該如何去面對處理？該怎麼去引導調節？該怎麼面對自己的情緒，如何安撫自己與解決問題？這些重要的學習，沒有，沒有一個被探討到，所有的一切都像是被擠動的板塊，壓到地底下去了。

那麼，你猜猜，這些壓到地底下的東西，消失了嗎？還是他只是在醞釀著蓄勢待發？是的，聰明如你，相信已經理解真實的道理，藏住了不表示不存在，但是看不到卻等於更危險。這些隱藏的情緒，被埋在深處了，他們不被認識、不被管理、不知道該如何消除，只是被深深的埋藏，因此一段時間之後，日積月累的情緒，所有的問題依舊發生、依舊沒有被解決，板塊擠壓來擠壓去的，就是有那麼一天，火山爆發了！因此，你看到孩子好像可以管好自己一個月，但是一個月又一天之後，一樣是山雨欲來風滿樓，風暴過後，仍舊是殘骸遍野。

我還可以繼續告訴你，維持同樣的方法，其實，你還真的會發現孩子愈來愈可以管好自己了。因為，本來是十五天發作一次，後來是二十天，後來可以是一個月，再來是兩個月、四個月，甚至是半年，然後，隨著時間愈來愈長，你或許也愈來愈放心，而孩子，就這樣長大成人了。

聽起來很不錯，但是事實上，上面所有的故事，都是一再地再發生，孩子完全沒有學會任何東西，他只學會壓抑，還有理智的時候用理智壓抑，沒有理智的時候像火山一樣的爆發，情緒當口下如果遇到生死攸關的情緒，再把情緒像用壓力鍋一樣的壓下來。隨著孩子的年齡成長，前額葉愈來愈成熟，是的，你可以發現他壓抑的愈來愈好，但他不是在管理情緒、調節情緒，他只是在壓抑，把感覺控制下來，塞進去，當作感覺不存在。

然後，悲傷的是，這樣的孩子，長大成人之後，他可能不知道情緒是什麼了，甚至是要怎麼表達愛？關係怎麼經營？他不會了，因為他從小就不知道那是什麼？而如果這樣的孩子，哪一天繼承了掌控權時，問題更加嚴重了，沒有再有誰敢拿棍子打在他身上；或者是打在他身上，他也已經毫無感覺了，這時候，他生命中沒有什麼可以控制的恐懼將加在他身上，他的情緒開始可以自在的發洩、揮霍了，於是，握著掌控權而跟著情緒（慾望）走的人，開始壓抑著別人，然後宣洩著自己，直到哪一天，巨大而真實的恐懼來臨了，這次不再是誰提著棍子出來，而是真實的生死存亡之際，是老天來檢驗人生的功課學會了沒？在這個當下，孩子才恢復了理智，但是然後呢？這麼巨大的功課，誰能夠突然之間擁有面對與掌握的能力？一切可能已經毫不留情的崩解了。

這樣，你明白純粹用棍棒教導孩子情緒管理的可怕之處了嗎？只會壓抑的孩子，他的情緒管理只有壓抑與爆發兩條路，而爆發時只能夠用恐懼來鎮壓，促使理智恢復。但是，隨著孩子的年紀愈來愈大，還有誰有什麼恐懼籌碼可以讓他恢復理智呢？沒有的，而這個答案將直接宣告著真實的死亡恐懼來臨。

因此，別再迷信棍子的速成教養法了，面對就快要用自己的情緒壓迫孩子時，我們建議你可以這樣做：

1．「離開現場」是最快且明智的選擇，與其將自己的情緒和孩子的情緒瞎攪和在一起，不如讓自己先離開現場整理一下自身的情緒。其實沒有一件事情非要立刻解決，處理好自身的情緒，也才能避免使用非理性的情緒語言和行為，導致問題越演越烈更加惡化。

2．你真的必須了解「你的人生是你的人生，孩子的人生是孩子的人生」。他有他要學的：如何在盛怒下好好的管理自己的情緒；你也有你要學的：如何不要拿別人的錯誤來懲罰自己，做到情緒獨立；就是這麼巧，老天爺就這麼剛好的把你們要學的功課放在一起，拿都拿不掉！

然後，你必須瞭解，教養從來就不是一個操控者，在操控著一台電腦或機器，你要他怎麼走，他就會怎麼走。教養的真諦，是一個引導者，引導著另一個可以自己思考與決定的頭腦與身體，去思辨、分析、執行更美好的生活方式。旁觀者清、當局者迷，越是能跳開孩子的情緒現場，你才能明確而清楚的瞭解孩子的現狀與問題。同時也才能做到真正的引導者而非使用棍棒或情緒壓迫的操控者。

當然，我還是會真誠的告訴你，這就像感冒睡了三天還沒好一樣，必要的時候，請去找專家尋求幫助，他會幫助你更有效的找出問題、並且解決。別再迷信「拔路邊的草能止流血」的方法了！

## 躲避地雷法

最後，還有一些人會這樣幫助孩子情緒平靜與穩定：躲避地雷法。

孩子還沒有語言表達能力時，主要照顧者去抓取與理解孩子的需要，並提供適切的滿足，這當然是零到約兩歲前最好的教養，但當孩子的發展進到下一階段時，還維持這種「躲避地雷法」的模式，將產生下述的可怕問題。

你很清楚知道他六點一定要看《海綿寶寶》，不然會大抓狂，因此六點的時候，你就做好所有的安排，讓他六點一定會安安穩穩的坐在電視機前面，欣賞他的《海綿寶寶》。你很知道他早餐一定要吃燒餅配豆漿，不然他就會開始鬧脾氣，因此，不管日子怎麼過，颳風下雨大太陽，出門旅遊去作客，你就是一定會做到把燒餅與豆漿送到他的眼前。因此，孩子真的情緒很穩定，根本就不會鬧脾氣，能夠好好聽話、很講道裡（真是這樣嗎？）

讓我再告訴你一個故事。

一次我坐著捷運準備到台北車站，突然間有三個人走了進來，完全吸引了我的目光，並讓我百思不得其解。這是兩位五十幾歲的老太太與一個三十幾歲高壯男子，男子約末一七〇公分以上，空著雙手跟在兩位太太後面，而捷運車廂裡只剩下一個位子。

男子沒有背包包，而其中一位太太背了個後背包。很自然的，男子坐下了剩餘的那個座位，而兩個老太太拉著把手站著，愉快的聊著天。

關於這一幕如此不和諧的和諧，已經完全的吸引了我的目光，我幾乎無法克制的想要看著他們，試著瞭解這一切。

突然間捷運車門開了，進來一位七十歲以上的老婆婆，滿頭白髮，突然間背著包包的老太太，暗示性的叫了幾聲坐在位子上的青壯男子，而原本正在發呆的男子，突然的看到那位白髮老婆婆，立刻站起來，湊上前去，讓座給老婆婆，並與兩位老太太一起站著。

一瞬間，沒有背包包的太太說著：妳兒子真的很乖耶！很有禮貌又會讓座。

「妳兒子真的很乖耶！很有禮貌又會讓座。」這應該是針對一個三十歲的男子的稱讚嗎？我不理解，位子不讓妳媽坐，你媽幫忙背包包，你三十幾歲好手好腳，又高又壯，得到的稱讚是：你真的很乖耶！

我再強調一次，所有的情緒都是老天希望我們學習的標的，忽視情緒的存在，等於否認這個人的存在。而像我前面說的，蓄意躲掉孩子情緒地雷的存在，讓孩子永遠都保持在安靜平穩的「與你相處」的情緒中，更是一把把孩子推進棺材甚至親手封上的關鍵行為。

我必須說，深深瞭解孩子習性的你，絕對是一個非常用心的好媽媽，才能夠觀察得如此深入透徹，如此理解孩子，但是就如同洪蘭老師說的：「港口不是造船的目的」，孩子並不是生下來之後要讓我們留在身邊的，船隻並不是建造來擺放在港灣的。走出家門之後，孩子能夠多大的發揮你留在他身上的潛能優勢，多多的為整個世界、社會創造價值，這才是我們為什麼要如此用心教養的目的。

當你苦心經營的為孩子營造一個安心放心的家，為孩子避掉所有的地雷，乍看之下孩子的情緒平穩了，他的所有需求都被滿足了，他快樂自在了！然後呢？孩子發現，他不能離開你，因為除了你之外，沒有人這麼懂他，不再有人可以如此瞭解並滿足他的需求，除了你的身邊之外，去到其他地方，總是會有情緒、總是有人很白目、總是會讓他覺得不舒服、不自在、想生氣，想回家。

「我希望孩子健康快樂就好！」這是許許多多的用心父母，在見到孩子的那一刻，為孩子與自己許下的深澈願望。但請容許我提醒你，我們幾乎是一定比孩子更早過世的，因此，孩子要能夠永遠健康快樂，這把鑰匙一定要握在他自己手上，不是我們的手上。當他擁有讓自己健康快樂的方法，他才能真真切切的一輩子健康快樂下去。而不管我們能為孩子打點多少，只要鑰匙是握在我們手上，孩子就不具有健康快樂的基本條件。

所以，把鑰匙交到孩子手裡吧！而這把鑰匙的關鍵，就是孩子的情緒。妥善的認識自己為什麼而快樂、因什麼而悲傷，哪些是要積極爭取的？哪些又是應該學習安適接受？如何面對自己的情緒？如何為自己調節梳理？如何為自己適當發聲表達？如何讓旁邊的人知道我的處境，並且懂得適當的尊重我？而我也可以適當的尊重周邊的人。這些生命智慧，所有的一切，都是由情緒開始的。把情緒還給孩子，真實的還給孩子，就是把如何生活的健康快樂大智慧，交到孩子手上。

老天是很特別的，所有的一切冥冥安排，會讓我們在理解其中的道裡之後，不勝感慨！就如同孩子因為要學習走路，所以上天安排了孩子三等身的身高比例，身體重心很低，因此孩子根本不怕摔傷，摔久了，痛了，開始愈走愈好。情緒也是一樣的，老天給孩子一開始的情緒學習，也是代價最小的：布丁被爸爸吃了一口，孩子就覺得世界崩裂了，哭的呼天搶地，這時候的情緒管理學習代價，只是一口布丁的錢；一口布丁的痛苦，我們引導成功，孩子便學會了如何面對世界塌陷，天崩地裂的難過，你說，值不值得？划不划算？

但是如果我們看不懂老天的安排，故意去避開孩子的地雷。反正只是一口布丁而已嘛，哭成這樣是怎樣？我直接去樓下的便利商店買一整排新布丁回來，也不過幾塊錢，為了這點小事天崩地裂，豈不是荒唐？

小孩的事，用大人的眼睛去看，自然荒唐。但是沒有走過這些荒唐事，小人又如何變成坦蕩蕩的大人呢？我們的父母太捨不得孩子荒唐，捨不得孩子犯錯，也因此成就了更大的荒唐。在老天的十元功課裡沒有學到如何面對自己與面對情緒功課的孩子們，一個一個長大了，讓我們來猜猜，一個四十歲的成人，所遭遇到的天崩地裂代價是什麼呢？妻離子散？公司倒閉？生死交關？而在這個時候學習面對自己的情緒與世界，你又認為有幾個人走的過這一關？

不要避開孩子的地雷，你可以這樣做：

第一：將孩子的功課還給孩子，教養的目的在於引導，不在一手遮住他所有的問題和困難。所以把孩子應該去體驗、應該去探索、應該去面對、應該去感受的都還給孩子親身體驗吧！

第二：給孩子犯錯、搞砸的機會。身為「過來人」的我們，勢必在童年過程中也曾因為犯錯而錯失機會、得到處罰。但當我們的孩子也將可能歷經這些犯錯時，我們卻因為太害怕他受傷、太害怕他做不好、太害怕他失去機會，而在他可能犯錯時直接給予策略和方法，甚至直接預告他接下來可能會發生什麼事，直接幫他做好妥善安排！

但是事實上，一切照表操課的生活，孩子除了感覺到安逸（無聊）外，他還能獲得什麼？他的經驗匱乏、情緒匱乏、最終人生也將匱乏，這是你要的嗎？

多給孩子嘗試、探索的機會吧！雖然會痛苦、會悲傷、會焦慮、會慌張，但也因此會有歡欣、美好、滿足與成就，在這樣的過程中，孩子才能長出屬於他的智慧。

所以，請記得這句話：永遠不曾犯錯的人生，將會長出最可怕的東西。

結語

# 教養的本心——當「父母經」喧嘩，我們不能忘記的事

教養，如果某種程度上我們把他思考成「繼承」。那我們必須想想，我們希望孩子繼承什麼？

這些答案我們可能可以一瞬間想到很多，物質、房子、精神或是一些美善的價值。每一個，努力的、用心的父母，或甚至是忙到沒時間用心的父母，我們都是至少這麼愛孩子的：我希望可以把我知道的美善、我所擁有的美善，繼續傳遞出去，也把那些我經歷過的險惡、遭遇過的難關，很努力的試著不讓孩子再遭遇一次。

是的，這就是身為父母的愛，一種希望再傳遞的愛、一種希望更好的生命的力量，這些都是好的、非常棒的，但在這本書最後，請容許我們再叨念說一說。

首先，我們希望你可以知道，孩子第一個繼承的，不是房子、不是金錢、不是你的才華或是你的眼界或學歷，而是你的功課，老天開給你的功課。也就是我們個性中的難題。

已經不只一次狠狠的撞見以下這類事實了：一個男孩因為父親完全的消失在家庭裡，基於對父親的憤恨與彌補（我絕對不要給我的孩子同樣的痛苦），男孩成為父親後，努力的守著家庭，於是他自己、他的妻子、他的孩子，都必須把家庭視為最重要的基石，而必須切割掉所有的社交生活來顯示與完整父親的愛與期望，繞了一圈之後，守著家的男孩，與他那遺棄家的父親一樣，都成為他的妻女痛恨的人，繞了一圈，老天的功課又再一次的繼承下去了。

或是，一個痛恨父親外遇的男孩，在長大之後，因為理解了父親處境中的為難與痛苦，因此原諒了外遇的父親，也同樣的，再次擁抱了切割家庭關係與自我需要的不當選擇：外遇，再一次的，功課又被繼承了。

刻意的美善傳遞，或是刻意的痛苦迴避，很遺憾的，都無法讓你的孩子更好，因為這些刻意，繞了一圈，又將回到同一個原點，就像真實世界的元素：太多的二氧化碳會讓人窒息，但完全的純氧一樣讓人無法呼吸而死亡，過猶不及一直是整個大自然裡不斷出現的問題徵兆，人、以及人與自己、人與他人的關係、人與外界，也同樣無法逃出這個難題。而平衡、如何走向生活的平衡、親子的平衡、教養的平衡、生命的平衡，也一直都是一個難以開啟的智慧大門。

繞來繞去，重心移來移去，其實怎麼教孩子，就是怎麼對待自己，怎麼對待自己的需要、自己與其他人、事、物的關係。所以教養，又回到自己身上了。就像是太極，從有形而後無形而後忘形，最後的精神都是一樣的。要把教養做好，其實最簡單的方法，就是把自己做好。

把自己做好，讓自己開心的時候真的可以忘懷大笑，把自己做好，讓自己難過的時候有地方擁抱，把自己做好，讓自己憤怒的時候、可以有機會表達、但又不至於失去焦點，整理完情緒之後，可以看見問題、看見為難，可以著手解決難題，把自己做好，不輕易的把別人的為難扛在自己的肩膀上，不輕易的要別人為自己的痛苦負責。其實，就是這樣，讓自己完完整整的作出老天開的功課，孩子的功課也就迎刃而解了，因為，你與他的所有相處，就是一種以身示範的最好教養。

所以，第一件事，想要更好的愛孩子，你要學會更好的愛自己，不是自私的那種愛，是流動而豁達而自由的那種愛，所以，你有多久沒有跟朋友在路上閒嗑牙了呢？因為愛孩子所以你應該犧牲這樣的社交生活嗎？錯了，電話拿起來，立刻找朋友出門去吧！你懂得愛自己，孩子才懂得愛自己，你為了孩子拚命的犧牲，孩子就在你身上學會為別人犧牲，你為孩子而躁進與人衝突，孩子就學會可以忘記自己，為所愛的人拚殺，是的，我想這些都不是你希望他繼承的。

其次，好的教養就是讓你的關係更好。注意，這裡的讓關係更好，並不是要你委曲求全，讓孩子非得有父有母，因此在孩子面前偽裝成一副家庭美好的樣子。孩子不笨，這個事實恐怕會讓許多父母們震驚，雖然大家心裡都不希望自己的孩子笨，但恐怕也都沒有意識到孩子是如此精明，你的偽裝與為難，再白目的孩子，看了一天看不懂，看了一年也會懂得，而這些父親禁忌與母親禁忌，那些家裡面的那些藍色門的鑰匙孔*，你以為你上鎖了，門關的很緊閉很好，但孩子其實什麼都看見了。是的，很多你的隱藏事實孩子不見得會知道，你刻意的隱藏了誰外遇了，沒有人說，所以孩子不知道，但是，你的神色無法隱藏，孩子看的懂那在燈光昏黃之下，你那徬徨無助又脆弱無力的臉龐，孩子知道，是誰在傷害他所愛的人，而這樣糾結又無法解除的愛與痛苦，很遺憾的，就是一天不處理，就一天

* 引自一則格林童話《藍鬍子》。故事為一個有錢的丈夫給了妻子許多鑰匙，完全的自由與金錢但就只有一扇門絕對不能打開；好奇的妻子最後還是忍不住打開了，但打開之後就是死亡。而後藍鬍子再娶下一個妻子，再進入同樣的呵護與「好奇禁止」……。

像野柳的海風一樣，刻蝕著石頭，留下不可抹滅與難以逆轉的痕跡。因此，忘掉表象這件事吧！讓真實的自己與真實的關係幸福美好，沒有破滅是絕對致死的，只有隱藏的毒在日以繼夜的侵蝕下，會讓身體癱瘓。

第三，請完全不用擔心留些痛苦給孩子。我們當然都希望留給孩子更好的、最好的。但請知道，這世界最好的美麗，沒有一個是可以憑空而來的，美麗的浪花要經過沈重海水的高噸力拍打，美麗的森林要經過漫長的時間成長累積，我們家不如別人家，別人家有爸爸，我家沒爸爸，這看起來是個缺失沒錯，但不用擔心這樣的缺失會對孩子造成致命的傷害，極大的痛苦可能就像一個可怕的隕石，砸掉我家的客廳，因此我們一出房間門，就摔下好幾十公尺，又要努力爬上好幾十公尺，我才出的了門，別人花三秒鐘可以作的事，我們就因為一個致命的問題，要花上好幾小時。是的，看起來這像個不可挽回無法彌補的錯誤，我的孩子可能就將因此完全無法與人競爭了？

但轉個角度看，這個幾十公尺的大坑，我是不是可以把他做成一個生態游泳池？裡面有些水藻，有些魚，上面作個橋，旁邊種些樹，結果從此之後，每一個來到我們家的人，都驚嘆：天阿！怎麼可以這麼美好，家門口就有一個這麼棒的生態游泳池，也或許好長一段時間後，還有好多人拼了命的把自己家裡的客廳刨開，想要打造出跟我們一樣的生態池，卻也發現，怎麼挖也挖不開這麼深這麼大的洞！

這一個比喻，就是一種順性發展的意思，這樣的順性發展，不只是順著孩子的先天個性，也包括順著我們已盡力但無力抗拒的後天際遇，我們不可能永遠不給孩子缺失，但完好無瑕的渾圓白玉有他的價值特色，而這邊凹一個那邊凸一個的石頭，順著他的樣子去雕刻，變成一頭栩栩如生的肥豬，這個恐怕也價值不斐，雕刻是這樣的、創作是這樣的，教養也是這樣的。

所以，不要再有壓力覺得自己對不起孩子，沒有辦法給的起孩子別人給的起的東西，因為，或許這樣的缺失，就是你孩子最大的競爭力；沒有窮到小學五年級就必須去賣米的王永慶，可能就無法成為台塑集團的創辦人，所以，安心舒適的成為你自己，理解只要你有意願教養，有愛教養，願意跟著孩子一起成長，這就夠了！不是非要家財萬貫，或是非得一定是家庭主婦，或是非得一定要能每天親子親暱相處，非得是電視劇上那有爸有媽全家和樂融融的吃著什麼牌子的蛋糕，才是美好的家庭。有愛的家庭，有意願認真的看待自己生活、願意參與與孩子生活中的每一個衝擊，並且在這些摩擦、撞擊中不斷的找到更好的平衡、一起參與這場上天給予的修練的父母，就是最好的父母。

是的，所以忘記父母這個角色，忘掉你曾經看過的所有美麗劇本。你沒有非要成為什麼樣子，你沒有需要非得扮演什麼？沒有誰一定非兇狠的辦黑臉，誰一定只能無助的當白臉，這不是一種角色，我們也沒有站在哪一個舞台，下面也沒有成堆的觀眾，等著要給我們掌聲或噓聲，我們不用擔心票房，也不用擔心觀眾或是哪個名嘴的評價，將影響下一檔的購買率，父母不是一個角色，是一場上天給的功課，一種人生的修練。你的心性急，凡事想用最快的速度完成，孩子就出現來讓你發現你怎樣都無法用最快的速度完成。你充滿愛與關懷，凡事不計較而包容，孩子就讓你發現儘管已經是自己的血脈孩兒了，他竟然還是毫不容情的騎到你的頭上，非得你為自己做點什麼才能換來尊重。

「養孩子」就跟自己在這個蒼茫世界闖一樣，都是一場生命平衡的修練，甚至是更難的修練，因為零至十五歲的關鍵教養時間，我們要體驗一場從生命的完全依靠，絕對依賴的狀態，進到一個完全放手、各自為生而懂得互相欣賞的絕對獨立。這樣短的時間，這樣兩個極端位子的延展難度，老實說，我完全不認為有誰可以輕易辦到，而這樣的難度，甚至比上企業經營與管理還要更加困難，因為經營企業，你可以關門暫停，你可以解雇職員，但教養卻完全無法喊停，無法說再見。但是我們在經營企業時，我們知道遭遇困難的時候，要尋求幫助、要發問、要學習、要去請上一個顧問，但教養，這樣相對難度的難題，卻只因為一個父母兩字的神聖包裝，要逼的我們埋頭在眼淚中自行尋找方法或調適，這絕對不是在幫助誰或不影響誰，這樣的集體行為與信念完全在殘殺我們下一代的成長品質。

所以，最好的教養就是一種生活態度，而美好積極的生活態度來自於我們本身生命的修練；我們是否有能力快速的調適壓力、恰當的解決問題、溫和適切的解決與身邊人的衝突與齟齬，是否有能力讓自己快樂也讓身邊的人快樂，生命的平衡就是教養的真諦，而所有的教養建議與步驟，在這個時候，也都化成無形。

因此，想愛孩子之前，先愛好自己，如果你感覺自身有好多痛苦，親愛的，請讓我們真誠的建議你，尋求專業諮商師的幫助，如果已經有一套科學可以有效的幫助人更好、更幸福、更快樂而更美滿，而不跟你索要靈魂、頭腦、思考、心結，我們為何不這麼做呢？

最後，謹祝所有的父母，在這一段獨特而神魂顛倒的歷程裡，體驗、感受、成長，而後，盡興遊一回。

你也同意每個孩子都不太一樣，
因此教養不應該是一套簡單的公式嗎？
用規則與框架套住孩子的潛能，讓孩子無法發揮，
也讓你同樣感到窒息難受嗎？
從此，你有更好的選擇──

# 孩子的天才，需要蠢事許可權

## 4216個搗蛋鬼教會我們的事

大寫出版 Briefing Press
書系〈幸福感閱讀 be-brilliant!〉
書號 HB0024

著者© 楊鈺瑩
協助寫作 笛飛兒EQ教育團隊（顏鈺軒、楊惠君、白慧文、藍穎彤、李貞儀、陳軒庭、李昕倢）
大寫出版 鄭俊平
發 行 人 蘇拾平
行銷企畫 郭其彬、王綬晨、邱紹溢、陳詩婷、曾曉玲

大雁出版基地官網 www.andbooks.com.tw
大寫出版
電話 02.27182001 傳真 02.27181258
發行 大雁文化事業股份有限公司（台北市復興北路333號11樓之4）
讀者服務電子郵箱 andbooks@andbooks.com.tw
劃撥帳號 一九九八三三七九（戶名 大雁文化事業股份有限公司）
初版二刷◎二〇二〇年四月
定價◎二六〇元
ISBN 978-986-5695-62-0

國家圖書館出版品預行編目 (CIP) 資料
孩子的天才，需要蠢事許可權：4216 個搗蛋鬼教會我們的事
楊鈺瑩 著／笛飛兒 EQ 教育團隊／協助寫作
初版／臺北市：大寫出版：大雁文化發行
2017.02 ／ 184 面；15*21 公分
be-Brilliant 書系！；HB0024
ISBN 978-986-5695-62-0(平裝)
1. 親職教育 2. 子女教育 3. 情緒商數
528.2　　105019675